Stefan Slupetzky, 1962 in Wien geboren, studierte an der Wiener Kunstakademie und arbeitete als Musiker und Zeichenlehrer, bevor er sich dem Schreiben zuwandte. Er schrieb und illustrierte mehr als ein Dutzend Kinder- und Jugendbücher, für die er zahlreiche Preise erhielt. Mittlerweile widmet er sich aber vorwiegend der Literatur für Erwachsene und verfasst Bühnenstücke, Kurzgeschichten und Romane. Im Rowohlt Taschenbuch Verlag sind seine Kriminalromane »Der Fall des Lemming« (rororo 23978), »Lemmings Himmelfahrt« (rororo 23882), »Das Schweigen des Lemming« (rororo 24230) und »Lemmings Zorn« (rororo 24889) erschienen, außerdem der Erzählungsband »Absurdes Glück« (rororo 25808).

Mehr Informationen zum Autor unter
www.stefanslupetzky.at.

»Sieben Kurzkrimis vom Meister des schwarzen Humors. Slupetzky wird immer noch besser!« *Wien live*

»Wer Spaß an schwarzem Humor hat, wird von diesen Erzählungen auf jeden Fall überzeugt sein, schließlich weiß Stefan Slupetzky genau, was er macht!« *Literaturkurier*

»Im viel zu dünnen Bändchen ›Halsknacker‹ serviert der Wiener Krimiautor Gustostückerl des schwarzen Humors. Man möchte mehr davon.« *Oberösterreichische Nachrichten*

»Sehr schwarzhumorig, sehr skurril, sehr gut.« *Woman*

»Schwarzer Humor vom Feinsten!« *BR-online*

Stefan Slupetzky
Halsknacker

Rowohlt Taschenbuch Verlag

Veröffentlicht im Rowohlt Taschenbuch Verlag,
Reinbek bei Hamburg, April 2013
Copyright © 2011 by Picus Verlag GmbH, Wien
Umschlaggestaltung any.way, Barbara Hanke /
Cordula Schmidt, nach dem Original vom Picus Verlag
(Umschlagillustration: Michael Sowa)
Druck und Bindung CPI – Clausen & Bosse, Leck
Printed in Germany
ISBN 978 3 499 25966 1

Inhalt

Dopplermord
7

Der Mann mit der goldenen Backe
20

Halsknacker
34

Schobers Glückstag
55

Kleine Geschenke der Freundschaft
61

Mein kleiner Münchner Grabgesang
79

Olga
99

Dopplermord

Totenstill durchschneidet sie die Luft, flitzt schlingernd an der Fassade entlang. Wäre sie eine jener Kunstspringerinnen, die neuerdings mit ihren seltsamen Luftfiguren den Punkterichtern zu gefallen suchen, sie würde wohl keine allzu hohe Punktezahl erreichen. Aber hier zählen weder Triumph noch Applaus: Sie ist keine Athletin, ihr Bauch alles andere als muskulös, und Publikum hat sich an diesem brütend heißen Sonntag ohnehin keines eingefunden. Fast alle Wiener sind an die Alte Donau gepilgert, in die Lobau oder in dieses neue, erst vorige Woche eröffnete Freibad, das Gänsehäufel, wo es einen eigenen Strand für Naturisten geben soll.

Schamloser Pöbel. Liederliches Lumpenpack.

Pfeilschnell passiert sie jetzt den ersten Stock, das Mezzanin und steuert dem Parterre entgegen, dem Ende ihrer kurzen Reise.

Überhaupt ist es die Zeit der Neuerungen, des Umbruchs in der Kaiserstadt. Eine nervöse, verwirrende, hastige Zeit. Fast so, als hätte die Jahrhundertwende alle monarchischen Rösser scheu gemacht. Und wirklich: Erst unlängst hat die letzte Pferdetramway der Elektrischen weichen müssen, die nun mit ihrem rasenden Tempo die Häuser zum Beben bringt.

Mangelnde Demut. Gottlose Wissenschaft.

Kein Tauchbecken. Kein kühles Wasser, das ihren Sturz entschleunigt, sie schonungsvoll abbremst und unversehrt, kichernd, erfrischt an Land steigen lässt. Nein, nur der Schanigarten des Café City, Ecke Berg- und Porzellangasse. In dem Schanigarten steht ein Tisch, auf dem Tisch ein Krügel Bier, und vor dem Bier sitzt ein Mann ohne Haare, ein Glatzkopf. Fleischblond sagt man neuerdings in Wien dazu.

Die Karambolage ist ein physikalisches Phänomen. Das wird jeder Billardspieler bestätigen. Aber er wird nicht daran denken, dass seine Bälle zerbrechen könnten.

In diesem Fall zerbrechen beide Beteiligten: Der Glatzkopf und sie, die runde, dicke, volle Doppelliterflasche. Sie hat ihr Ziel erreicht, kracht dumpf auf den imaginären Scheitel des Schanigastes und geht ungetrunken, in tausend schillernde Splitter zerborsten, in die Ewigkeit ein.

»Sauerei«, sagt Kollmann anerkennend und betrachtet die Melange aus Knochen, Glas, Gehirn und Wein, die bis in die Mitte der Fahrbahn gespritzt ist.

»Grüner Veltliner«, antwortet Strotzka trocken. »Schade drum ...«

Sie haben es nicht weit gehabt, die beiden Herren Inspektoren; von der Liesl, dem Polizeigebäude an der Elisabethpromenade, sind es kaum zweihundert Meter zum City. Strotzka und Kollmann legen die Strecke oft mehrmals am Tag zurück – gut gelaunt auf dem Hinweg, besser noch, wenn sie in das Kommissariat zurückkehren. Heute Mittag jedoch sind sie nicht so fröhlich und entspannt wie sonst: Zwar gehört ein honetter Beamter ins Wirtshaus oder ins Café, wenn an einem Sonntag Kaiserwetter herrscht, aber nur, um seinem ärarischen Körper kühles Bier und heißes Gulasch zuzuführen, und nicht, um seiner Dienstpflicht Genüge zu tun. Kollmann wirft einen traurigen Blick auf das halb geleerte Krügel des Toten – es ist der qualvolle Blick des Tantalus.

Strotzka deutet indessen auf die Hausfassade, die über ihnen in den Himmel ragt. »Schau, dort oben, das offene Fenster. Voll in der Lotrechten: ideale Flugbahn quasi ...«

»Dann gemma halt rauf«, seufzt Kollmann.

»Brauchts euch gar nicht erst bemühen … Da ist jetzt keiner z' Haus …« Die Kellnerin Marie ist auf die Straße getreten, nachdem sie sich auf der Toilette des City die Tränen getrocknet und das Rouge erneuert hat. Fesches Mädel, die Marie – sie ist sich dessen bewusst. Ein charmantes Zwinkern hier, ein bestrickendes Lächeln da (alles natürlich im Rahmen des Anstands), und die gnädigen Herren Gäste runden das Trinkgeld gleich um ein paar Heller auf. Heute aber ist der Marie überhaupt nicht kokett zumute. Der Anblick der weitgehend kopflosen Leiche hat sich ihr schwer aufs Gemüt gelegt.

»Woher wollen S' denn das wissen, Fräulein Mizzi?«, fragt Strotzka und runzelt die Stirn.

»Ganz einfach: Die Moserin ist seit der Früh in der Servitenkirchen drüben, mit ihrem kranken Töchterl, wie jeden Tag. Und der Moser …« Marie senkt den Kopf und starrt auf den Boden.

»Der Moser? Was ist mit dem Moser?«

»Der Moser?«, flüstert Marie und deutet, ohne hinzusehen, auf den Toten am Gehsteig. »Der Moser ist der dort …«

»Alois Moser also«, murmelt Kollmann etwas später und blättert in seinen Notizen, »Winzer und

Grundbesitzer aus Mistelbach. Vor zwei Jahren nach Wien übersiedelt, mit seiner Frau Gemahlin und der Tochter. Was hat er gemacht in der Stadt?«

»Ehrlich g'sagt, gar nichts. Der hat's auch nicht nötig g'habt. Zwei riesige Güter soll er besessen haben, draußen im Weinviertel. Die hat er angeblich verkauft, von einem Tag zum anderen. Ganz im Vertrauen, Herr Inspektor: Der ist nur so g'schwommen im Geld.«

»Ja aber … Was wollt er dann bei uns in Wien?«, wird jetzt Marie von Strotzka unterbrochen.

»Spekulieren und schwärmen«, gibt sie kurzerhand zurück. »Spekulieren drüben an der Börse am Schottenring, das ist ja nur ein Katzensprung von hier. Und schwärmen von der neuen Zeit. Jeden Tag ist er im City g'sessen, immer auf demselben Platz«, Marie wagt einen kurzen Blick auf den verwaisten, blutbespritzten Sessel und wendet sich erschaudernd ab, »und hat sein Loblied auf die Technik g'sungen. ›Wir leben mitten in der Zukunft, Fräulein Mizzi!‹, hat er immer ganz begeistert gerufen. ›Die Industrie und die Elektrik, die Maschinen und die Medizin! Ein einziger Segen, ein Aufbruch des Geistes! Wer jetzt abseits steht, der versäumt sein Leben!‹ Und dann hat er ganz andächtig gelauscht, wenn wieder die Elektrische vorbeigedonnert ist …« Marie hält inne und ringt seufzend die Hände. »Aber dem Sopherl, seiner Tochter, war die Technik zu viel. Der Lärm, der Trubel, der ganze Verkehr. War ja erst sieben, das arme Kind. Und justament ist sie dem Fortschritt dann zum Opfer g'fallen. Kurz nachdem die Mosers bei uns im Haus ein'zogen sind, ist die Sophie in die Straßenbahn g'rennt. Eine furchtbare G'schicht. Beide Beine gebrochen, ein Jammer. Im Spital haben sie's damals zusammengeflickt, erfolgreich, wie die Herren Doktoren stolz behauptet haben. Aber gehen hat sie trotzdem nimmer können, die Sophie. Bis heute nicht. Die Ärzte haben g'sagt, sie will ganz einfach nimmer laufen, und dass es was Seelisches ist …«

»Was Seelisches, aha«, brummt Strotzka. »Und die Gattin vom Moser?«

Marie tritt einen Schritt näher. Mit einem nun doch etwas neckischen Augenaufschlag (es liegt ihr halt im Blut) raunt sie Strotzka verschwörerisch zu: »Die Moserin hat ihn dafür gehasst. Die ist halt so eine … Gestrige, wissen S'? Eine ewige Landpomeranzen, eine Kerzelschluckerin und Herrgottschleckerin … Mein Gott!«, Marie schrickt auf und schlägt die Hände vor den Mund. »Da kommt s' ja, die Alte …«

Über das Pflaster der Servitengasse rumpelt ein hölzerner Rollstuhl, in dem ein blasses Mädchen sitzt. Dahinter geht eine magere, schwarz gekleidete Frau.

»Kollmann!«, zischt Strotzka. »Schnell, für die Leich' was zum Zudecken!«

»Ja, aber ... Was soll ich denn jetzt in der G'schwinden ...«

»Ein Tischtuch, wenn's d' holst, oder besser gleich zwei!«

Kollmann setzt sich fügsam in Bewegung, doch er kommt nicht weit: Ein kurzes, hässliches Knirschen und er stürzt mit rudernden Armen zu Boden.

»Sakra! Mein Haxen!« Kollmann reibt sich mit schmerzverzerrtem Gesicht den linken Knöchel. Beugt sich dann zur Seite und klaubt etwas Kleines, Glitzerndes aus dem Straßenstaub. Es ist eine hellblaue, gläserne Murmel.

»Der Herr hat's gegeben, der Herr hat's genommen ... Nicht hinschauen, mein Kind, nur nicht hinschauen. Der Papa hat's gut jetzt. Der ist ... bei den Engerln.« Die kleine Frau bekreuzigt sich zum dritten Mal und schiebt den Rollstuhl auf das Haustor zu.

»Frau Moser, entschuldigen S', dürften wir kurz …« Verstört blickt Strotzka der Moserin nach.

»Ich sag's ja. Nicht eine einzige Träne.« Marie verschränkt die Arme vor der Brust und schüttelt den Kopf, während Strotzka und Kollmann der Frau in den Hausflur folgen.

»So warten S' doch! Wir müssen mit Ihnen … Frau Moser!«

Mit einem heftigen Ruck setzt sich der Aufzug in Bewegung. Ein rhythmisches Klopfen hallt jetzt durchs Stiegenhaus: Die Moserin und ihr behindertes Kind entschwinden langsam nach oben. Ohne ein weiteres Wort hastet Strotzka die Treppen hinauf, nimmt zügig zwei Stufen auf einmal. Kollege Kollmann hinkt hinterher.

»Was tät man ohne die moderne Technik, nicht wahr?« Sie wuchtet den Rollstuhl aus dem Fahrkorb und schließt das Gitter hinter sich. »Man müsste glatt zu Fuß da herauf.« Sie schiebt den Rollstuhl an Strotzka vorbei, zieht einen Schlüsselbund aus ihrer Tasche und öffnet die schwere Kassettentür am Ende des Ganges. »Ohne die Technik bräuchte man aber erst gar nicht in den dritten Stock herauf. Dann wär man im Wald draußen, in der Natur, und könnt noch laufen mit gesunden Beinen.« Die Moserin wirft einen verächtlichen Blick zur Treppe hin, wo der lädierte Kollmann eben um die Ecke keucht, und betritt ihre Wohnung. »Na, was ist jetzt, die Herren? So kommen S' halt weiter …«

»Unser Kaiser weiß schon, wo dem Menschen seine Grenzen sind. Der mag den Dreck nämlich auch nicht, den Strom und die Automobile, den Lärm und den ganzen Gestank und die Unzucht, die uns alle überrollt wie eine Pest. Machen kann er trotzdem nichts dagegen, dass die Welt aus den Fugen gerät, und das, obwohl er Kaiser ist. Drüben an der Alten Donau tun s' jetzt nackert baden, Männer und Frauen, alle durcheinander wie die Schweine. Und alles ganz gesetzlich, nicht wahr, meine Herren?« Die Moserin dreht sich zur Seite und spuckt aus. »Es ist mir wurscht, ob Sie sich wundern über mich: Die trauernde Witwe werden S' bei mir nicht finden. Und eine Mörderin schon gar nicht: Wir waren in der Kirche, meine Tochter und ich. Wenn einer derweil eine Flasche beim Fenster hinausg'schmissen hat, dann muss es der Herrgott g'wesen sein. Gerechte Strafe, sag ich nur … Warum? Weil uns mein Mann – Gott hab ihn selig – ruiniert hat.« Sie lehnt sich zurück, hebt den Kopf und starrt Strotzka herausfordernd an. »Wissen S', was er machen wollt mit der Sophie, nachdem s' nimmer laufen hat können?

Zu diesem ... diesem Quacksalber wollt er sie bringen! Na, zu diesem sogenannten Seelendoktor, in der Berggasse gleich um die Ecke.«

»Doktor Freud?«, mischt Kollmann sich ein.

»Ganz recht, so heißt er. Ein gottloser Ketzer, was man so hört. Ein durch und durch verkommenes Subjekt. ›Du wirst mir den Teufel nicht mit dem Beelzebub austreiben!‹, hab ich also zum Alois gesagt. ›Erst machst du unsere Tochter zum Krüppel und als Draufgab' willst du sie noch von dem schmutzigen Juden verderben lassen! Und alles im Zeichen der Modernität!‹ Dann hab ich das Kind gepackt und bin hinüber zur Servitenkirche, in die Kapelle vom heiligen Peregrin. Wenn einer dem Sopherl helfen kann, ist es der Peregrin: Der ist auf die Füße spezialisiert und hat schon viele kranke Leut' geheilt ...«

»Die Mama hat recht«, lässt sich nun erstmals auch die kleine Sophie vernehmen. Sie sitzt – ein wenig abgewandt – in ihrem Rollstuhl und blickt mit ernster Miene aus dem Fenster. »Ich will nicht zum Juden. Seit ich zum heiligen Peregrin bete, geht's mir schon viel besser ... Mama?«

»Ja, was denn, Kind?«

»Können wir wieder nach Haus? Wo der Papa doch jetzt bei den Engerln ist?«

»Ja, Sophie. Gleich morgen fahren wir.«

Ein Lächeln erhellt das schmale Gesicht des Mädchens.

»Darf ich jetzt in mein Zimmer, Mama?«

»Ich bring sie schon.« Kollmann erhebt sich, hinkt durch den Raum und tritt an den Rollstuhl. »Wo ist denn dein Zimmer?«

»Da drüben.«

In diesem Moment setzt das Erdbeben ein. Ein leises Klirren des Lusters zunächst, dann ein tiefes, heiseres Grollen, das bald schon die Möbel erzittern lässt. Strotzkas Kaffeetasse wandert langsam über den Tisch.

»Keine Angst, meine Herren«, meint die Moserin ruhig. »Das ist nur die Elektrische.«

»Und du bist wirklich sicher?«

»Völlig sicher. Schau, was ich bei der Kleinen am Fensterbrett g'funden hab ...« Kollmann bleibt stehen und hält Strotzka die geöffnete Hand hin. Zwei kleine, glitzernde Kugeln liegen darin. Blassblaue, gläserne Murmeln. »Wenn sich schon die Kaffeehäferln auf Wanderschaft begeben, dann kannst dir vorstellen, was die Straßenbahn mit einem vollen Doppler auf Glasschussern macht ...«

»Den Teufel mit dem Beelzebub austreiben«, gibt Strotzka leise zurück.

»Und jetzt? Was sollen wir tun?«

»Am besten gar nix. Es war halt ein saublöder Unfall. Der Moser hat den Wein ins offene Fenster g'stellt. Aber dann hat er Lust auf ein Bier gekriegt und sich in den Schanigarten g'setzt.«

Sie treten schweigend auf die Fahrbahn und überqueren die Kreuzung. Kollmann ächzt, sein Knöchel scheint ihm starke Schmerzen zu bereiten.

»Weißt du, was ich nicht versteh?«, fragt Strotzka, als sie auf der anderen Seite sind. »Wie ist die Kleine da hinaufgekommen? Aufs Fensterbrettel, mein ich ...«

Kollmann hebt noch einmal den Kopf und mustert die Häuserfront über dem City, aber im dritten Stock sind jetzt alle Fenster geschlossen. »Ich weiß nicht«, sagt er dann. »Vielleicht ... Nein, nichts vielleicht. Ich weiß es nicht.«

Sie stehen im Herzen des Alsergrunds, am Scheideweg einer kleinen, sich wandelnden Welt, die ein Abbild der großen ist. Links steigt die Berggasse steil und gerade zum Himmel an, rechts führt die enge Servitengasse auf den idyllischen Kirchplatz zu.

»Was machst du jetzt mit deinem Haxen? Den solltest du dir anschauen lassen, aber g'schwind.«

»Ja ... Wahrscheinlich hast du recht. Das sollte ich tun.«

Kollmann nickt Strotzka nachdenklich zu, salutiert – ganz nach Vorschrift – und wendet sich – immer noch grübelnd – nach rechts. Im kühlen Schatten der Bäume hinkt er zum heiligen Peregrin hin.

Der Mann mit der goldenen Backe

Was Eduard Schestak mit Herbert Kopeinig verband, war nichts als eine – wenn auch erstaunliche – äußere Ähnlichkeit. Beide knapp zwei Meter groß, beide mit heller, leicht rötlicher Haut und aschblondem Haar, beide von ungefüger, um nicht zu sagen grobschlächtiger Physiognomie: eine breite, geplättete Nase, zwischen zwei winzige blassblaue Augen gezwängt. Dazu die dicken, immerzu grimmig verzogenen Lippen: kein Ausdruck chronisch schlechter Laune, sondern die Folge der bulldoggenähnlichen Zahnstellung, die ein verschobener Unterkiefer nun einmal verursacht. Die Anordnung des Fleisches auf den Knochen, der Haut auf dem Fleisch, ein winziger Paarlauf ihrer genetischen Disposition also, das war die einzige Gemeinsamkeit zwischen Schestak und Kopeinig. Davon abgesehen konnten sie kaum verschiedener sein.

Kopeinig schwamm im Geld und Schestak stand das Wasser bis zum Hals. Kopeinig war geachtet und erfolgreich, Schestak war schon zufrieden, wenn er die Miete zahlen konnte. Kopeinig hatte eine wunderschöne Frau (man plante Kinder, sobald sie ihre Karriere als Fotomodell an den Nagel gehängt haben würde), Schestak besaß ein paar einschlägige Videos und Hochglanzjournale. Kopeinig strotzte vor Gesundheit, Schestak kämpfte mit bedenklichen Leberwerten. Kopeinig war im ganzen Land berühmt, während man Schestak nur in seinem Stammlokal beim Namen kannte. Kannte, wohlgemerkt, nicht nannte. »Da kommt er ja endlich, der Kopeinig!«, hieß es, sobald Schestak das Wirtshaus betrat.

Der Mittelstürmer Herbert Kopeinig war in den vergangenen Jahren zur größten Hoffnung des österreichischen Nationalteams herangereift. Wobei das Wort Hoffnung in diesem Zusammenhang schon lange den Beigeschmack einer chronischen Krankheit trug: Die Hoffnung lebt eben nur so lange, bis sie erfüllt wird, und davon war der alpenrepublikanische Fußball – trotz Herbert Kopeinig – weit entfernt. Gut dreißig Jahre lag der letzte große Sieg der österreichischen Mannschaft zurück, und sogar der war vor allem ein Sieg der Schadenfreude gewesen. Nachdem man selbst bereits an aussichtsloser Stelle lag, hatte man bei der Weltmeisterschaft

1978 die mächtigen Deutschen besiegt und – im wahrsten Sinne des Wortes – aus dem Bewerb gekickt. Man hatte den Nachbarn die lange Nase gezeigt und war zeitgleich mit ihnen nach Hause gefahren – welch ein Triumph! Das Wunder von Córdoba: Noch heute sprach man mit Stolz und nostalgischer Wehmut davon.

Nach Córdoba hatte dann nur noch die Hoffnung regiert. Die zähe, Jahr für Jahr genährte Hoffnung auf einen jungen Stürmerprinzen, der Österreich – nun aber wirklich! – aus seinem Fußballertiefschlaf küssen würde. Herbert Kopeinig war kein Einzelfall; er war nur der Letzte in einer langen Reihe von Hoffnungsträgern.

»Da kommt er ja endlich, der Kopeinig!«

Eduard Schestak schloss die Tür und wandte sich dem Stammtisch zu. »Sehr lustig«, meinte er. »Wirklich sehr lustig. Dass euch versoffenen Deppen nie was Neues einfällt …«

»Wenn du ihm aber so ähnlich schaust …«

»Ich ihm?« Schestak schlug mit der Faust auf die Tischplatte. »Nix da ich ihm! Höchstens – aber auch allerhöchstens! – er mir!« Wütend ließ er sich auf die Sitzbank fallen, während ein schweigsames Schmunzeln die Runde machte. Es gehörte zum täglichen Ritual, den Schestak ein wenig zu ärgern

– so hielt man sich für die Biere und Spritzweine schadlos, die er im Laufe des Abends zusammenschnorren würde.

Dem Auftakt des Stammtischzeremoniells war somit Genüge getan, und man konnte zum Hauptteil übergehen. Politik und Fußball, Fußball und Frauen, Frauen und Schmäh führen, Schmäh führen und Politik, den Schestak ärgern und Fußball, so lautete üblicherweise das Protokoll. Seit ein paar Wochen aber war die Auswahl der Themen merklich geschrumpft: Fußball, Fußball, Fußball, den Schestak ärgern und Fußball, das waren die Sujets, auf die man sich neuerdings beschränkte. Kein Wunder, hatte es Österreich doch erstmals seit 1964 geschafft, sich für die Endrunde einer Europameisterschaft zu qualifizieren – als Gastgeberland, versteht sich. Und als solches hätte selbst der Vatikan elf seiner Kardinäle ins Rennen schicken dürfen.

»Übermorgen geht's los«, eröffnete Schestak – durch ein mittlerweile vor ihm stehendes Krügel Bier beruhigt – das Gespräch. »Na, die Kroaten werden ein harter Brocken ...«

»Ah, geh!«, tönte es ihm da entgegen. »Die Krawotn reißen gar nix gegen uns!«

»Armutschgerln sind das! Tuttlige Balkanpflanzerln!«

»Lauter Krepierln, schwachmatische!«

»Und außerdem ... haben wir ja dich! Unseren Stürmerprinzen! Wann immer der Kopeinig naht, weiß der Kroat bald keinen Rat!«

Gelächter. Dann – ganz plötzlich – Stille. Schestak hatte sich von seinem Sitz erhoben, er ließ seinen drohenden Blick in die Runde schweifen. »Es gibt nur eine Sache«, zischte er, »die dieser Trottel Kopeinig kann. Nämlich abkassieren. Kräftig abkassieren für nix und wieder nix. Der Kopeinig kann mich am Arsch lecken.«

»Also doch zwei Sachen ...«, ließ sich da eine glucksende Stimme vernehmen.

Und wieder schallendes Gelächter. Schestak war blass geworden. Mit zitternden Fingern dämpfte er die Zigarette aus. Dann wandte er sich dem Ausgang zu und stapfte ohne ein weiteres Wort aus dem Lokal.

»Momenterl, der Herr! Da können S' net durch! Das ist nur für ... Ach, Sie sind's, Herr Kopeinig!«

»Wer sonst?«, entgegnete Eduard Schestak dem Wachebeamten.

»Aber Sie sollen doch erst um halb fünf ... mit den anderen ...«

»Was soll ich? Was hast g'sagt?« Ohne lange

zu fackeln, packte Schestak den Mann am Revers. »Gut zuhorchen«, raunte er ihm ins Gesicht. »Weil zweimal sag i's net ...« Schestak legte eine Pause ein, machte einen Ausfallschritt und runzelte die Stirn. »Scheiß drauf, jetzt hab ich's vergessen«, murmelte er.

»Schon recht, Herr Kopeinig ... Nix für ungut ...«

Der Wächter starrte Schestak nach, als dieser durch den neonbeleuchteten Flur in die Tiefen des Stadions taumelte. Die armen Kroaten, so dachte er im Stillen. Sie würden heute Abend umfallen wie die Fliegen: Kopeinig bräuchte sie nur anzuhauchen ...

Nach schier endloser Suche stand Schestak vor der Mannschaftskabine der Österreicher. Vorsichtig drückte er die Klinke hinunter und betrat den dunklen, mit hohen, metallenen Spinden gesäumten Raum. Er wandte sich nach links, gelangte durch eine weitere Tür in die Spielertoiletten und verschanzte sich in einem der Klosetts.

»Schestak vor, noch ein Tor«, lallte Schestak, auf der Klobrille sitzend. Dann griff er in seine zerschlissene Sporttasche, um ihr eine halb volle Wodkaflasche und ein Päckchen Flirt zu entnehmen. Er zündete sich eine Zigarette an, öffnete die Flasche, machte einen kräftigen Schluck und wartete.

Er musste wohl ein wenig eingenickt sein, denn als er die Augen öffnete, da waren die Kabinen hell erleuchtet. Von nebenan drangen Stimmen an sein Ohr, Stimmen, die ihm aus dem Fernsehen wohlvertraut waren. Jene des linken Verteidigers Watzko konnte er erkennen, dann jene von Rogner, dem Mittelfeldspieler, und schließlich das glockenhelle Organ von Juch, dem Torwart. Juch, der Eunuch, pflegte die Stammtischrunde zu lästern, wenn das Gespräch auf ihn kam. Schestak grinste – und zuckte zusammen: Polternd wurde die Tür zu den Toiletten aufgestoßen; jemand trat in den Raum.

»Bist du deppert, da fäult's! Watzko, du Weh! Musst du allerweil am Häusl rauchen?«

»Kusch, Kopeinig!«, tönte es von draußen herein. »Pack dei' Prinzenrolle ein und komm, in fünf Minuten geht's los!« Gleich darauf fiel die Tür ins Schloss. Man konnte nur noch das Rascheln von Kleidern vernehmen, gefolgt vom sanften Plätschern des Stürmerstrahls.

Leise kam Schestak aus seinem Versteck. Lächelnd, fast liebevoll betrachtete er sein Alter Ego, das – mit dem Rücken zu ihm – vor dem Pissoir stand. Er ließ Kopeinig fertig pinkeln. Dann drosch er ihm mit aller Kraft die leere Flasche auf den Hinterkopf.

Kaum war der Anpfiff erfolgt, warf sich Eduard Schestak in die Schlacht, als ginge es um sein Leben. Im Laufschritt stürmte er gegen das Tor der Kroaten, ohne die Spieler ringsum zu beachten. An der Strafraumgrenze angelangt, musste er zunächst einmal verschnaufen. Er beugte sich vor und hustete einen schillernden Schleimbatzen auf den Rasen.

»Kopeinig!«, hörte er – durch das Rauschen des Blutes in seinen Ohren gedämpft – den Trainer brüllen. »Z'ruck, Bertl, z'ruck! Du stehst im Abseits!«

Also Rückweg. Wie weit? Zumindest bis zur Mittellinie, beschloss Schestak. Unterwegs begegneten ihm seine Teamkollegen, die gerade in den Ballbesitz gekommen waren. Schestak blieb stehen. Überlegte. Machte kehrt. Und lief prompt ins Abseits. Entschuldigend hob er die Hände, rotzte ins Gras und torkelte zum Mittelkreis zurück.

So ging es wohl eine halbe Stunde lang, eine halbe Stunde allerdings, die Schestak vorkam wie die Ewigkeit. Rund um ihn tobte das Spiel, auf der Trainerbank tobte der Trainer, auf den Rängen tobte das Publikum. In Schestak selbst aber tobten nur Herzschlag und Husten; er nahm das gellende, ohrenbetäubende Pfeifen kaum wahr, das über dem Stadion lag wie der Gestank über einer geöffneten Käseglocke.

Schestaks gesammelter Auswurf am kroatischen Strafraum war mittlerweile zu einer veritablen Pfütze angewachsen. Grün auf Grün, ein kleiner Bronchialsee, ein glitzerndes Beuschelbiotop inmitten der sterilen Rasenfläche. Und just an dieser Stelle geschah in der einunddreißigsten Minute das Unglaubliche: Miroslav Mikulić, der kleine kroatische Verteidiger, rutschte auf der Schestak'schen Schleimlacke aus und klatschte mit der Hand auf das runde Objekt der Begierde: den Ball.

Handspiel also, und – ganz folgerichtig – Freistoß an der feindlichen Strafraumgrenze. Vom wütenden Gebrüll des Trainers angetrieben, schleppte sich Schestak zum Ort des Geschehens. Einmal mehr beugte er sich röchelnd vor, um abzuhusten. Der kurze Pfiff des Schiedsrichters, und fast im selben Moment ein schmerzhafter Schlag auf das Hinterteil: Schestak schrie auf – doch er sollte den eigenen Schrei nicht mehr hören: Sein Schmerz, sein Geheul, das alles ging unter im tosenden Jubel der Zuschauer. Schon wurde Schestak von seinen Gefährten besprungen, zu Boden gerissen, umarmt und geküsst. »Kopeinig! Kopeinig!«, skandierte das rasende Publikum, und erst, als der Platzsprecher das eins zu null verkündete, wurde ihm klar, was geschehen war: Rogner hatte den Freistoß getreten;

er hatte den Ball – wahrscheinlich aus Unvermögen, vielleicht aber auch aus Zorn auf seinen inferioren Kollegen – gegen Schestaks verlängerten Rücken gelenkt. Der Ball war abgeprallt und – für den kroatischen Tormann unhaltbar – in die rechte Kreuzecke geflogen.

Schestak rieb sich den Hintern. Ein schier unbezwingbares Verlangen nach einem Krügel Bier und einer Zigarette keimte in ihm auf. Aber er musste sich gedulden: Obwohl sich bereits ein Ersatzspieler aufgewärmt hatte, beließ ihn der Trainer nun doch noch im Spiel.

Als der Referee zur Pause pfiff, legte Schestak plötzlich ein ungeahntes Tempo an den Tag. Lange vor den anderen war er in der Kabine; er schloss sich in der Toilette ein und zog zwei Flaschen Bier aus seiner Sporttasche. Trotz des beträchtlichen Platzmangels – der nackte, leblose Körper Herbert Kopeinigs hing über der Kloschüssel – trank und rauchte Schestak mit großem Genuss. Solcherart gekräftigt und entspannt, lief er bald darauf zur zweiten Spielhälfte in die Arena.

Wie wankelmütig Fußballfans doch sein können! Hatten sie ihn eben noch mit frenetischem Applaus begrüßt, so grölten sie ihm schon nach wenigen Minuten Buhrufe entgegen. Gnadenloses, undankbares Pack, dachte Schestak. Keuchend trottete er einem der Kroaten hinterher, der – den Ball elegant übers Gras dribbelnd – in Richtung des eigenen Tormanns tänzelte. Nach ein paar Metern allerdings beschloss er, die Verfolgung abzubrechen: Zu aussichtslos war der ungleiche Kampf, da schien es allemal besser, den Feind mit Verachtung zu strafen. Schestak drehte sich um und streckte dem Gegner den Hintern entgegen. Den Rückpass des Kroaten konnte er daher nicht sehen, und ebenso wenig den Anlauf des Tormanns, der den Ball mit voller Wucht in die österreichische Spielhälfte befördern wollte. »Au!«, schrie Schestak und kippte nach vorne.

Seine Teamkollegen mussten ihn nicht mehr zu Boden reißen, aber sie warfen sich schichtweise über ihn, zehn Mann hoch, jauchzend vor Entzücken.

Der Schuss des kroatischen Torwarts war entschieden zu flach ausgefallen. Der Ball hatte Schestaks – ohnehin schon lädierte – linke Hinterbacke getroffen und war in hohem, perfekt parabolischem Bogen ins kroatische Tor zurückgesegelt.

Zwei zu null, so lautete das Endergebnis, und der vermeintliche Herbert Kopeinig wurde als Vater dieses fulminanten Sieges gefeiert. Von »brillanter, nie da gewesener Taktik« war vor den Fernsehkameras die Rede, von der »Sternstunde des Stürmerprinzen«, den ein besonders geistreicher Sportjournalist auch als »Mann mit der goldenen Backe« bezeichnete. Alles wäre gut und schön gewesen, hätte die Putzfrau den echten Kopeinig nicht auf dem Klo entdeckt. Halb tot lag er da, aber eben nur halb – er hatte beträchtliches Glück gehabt: Zwar konstatierte der Arzt eine klaffende Wunde am Hinterkopf und eine schwere Gehirnerschütterung, aber doch keinerlei bleibende Schäden.

Noch in derselben Nacht erwachte Kopeinig im Krankenhaus.

»Wissen Sie, wie Sie heißen?«

»Ich … Ja, natürlich. Kopeinig … Herbert Kopeinig …«

»Verstehe … Und können Sie sich noch erinnern, Herr, äh … Kopeinig, was da passiert ist, am Abend im Stadion?«

»Sicher … Spielen hätt ich sollen. Gegen die Kroaten …«

Der Kommissar hob zweifelnd den Kopf und blickte zu der kleinen, gleichwohl illustren Gruppe hin, die sich im Halbdunkel des Zimmers versammelt hatte.

»Ich kenne den Mann nicht«, sagte der Präsident

und legte behutsam die Hand auf die Schulter des Trainers.

»Nie gesehen«, meinte der Trainer und packte sanft den Arm von Herbert Kopeinigs Gattin.

»Mein Schatzi schaut ganz anders aus«, hauchte Herbert Kopeinigs Gattin.

»In Ordnung«, nickte der Kommissar. »Danke, dass Sie sich die Zeit genommen haben …«

Im zweiten Spiel, gegen Polen, schoss Eduard Schestak nur ein einziges Tor – diesmal mit seiner rechten Backe. Obwohl sich die Polen bald mit drei zu eins in Führung setzten, nahm man ihm seine vergleichsweise magere Ausbeute nicht übel. Im Gegenteil: Wann immer er ins Abseits torkelte, wurde er aus Leibeskräften angefeuert, und sobald er sich hustend und spuckend auf dem Rasen krümmte, brachen wahre Begeisterungsstürme los. Endlich ein Spieler, dem man den Druck eines großen Turniers nicht anmerkte! Kaltblütig, nervenstark, und trotzdem ein ganz gewöhnlicher Mensch, ein Mensch wie du und ich. Die Österreicher ließen sich die Hoffnung nicht mehr nehmen: Selbst als die Mannschaft den Aufstieg ins Viertelfinale verpasste, hielten sie ihrem Idol, dem Mann mit der goldenen Backe, die Treue.

Eduard Schestak hatte es also geschafft; er hatte seinem Leben die entscheidende Wendung gegeben. Fortan lebte er in Herbert Kopeinigs Villa, fuhr Herbert Kopeinigs Porsche, trank Herbert Kopeinigs Prosecco und schlief mit Herbert Kopeinigs Frau: Nach einer kurzen Phase der Eingewöhnung schien auch sie am schlichten und ungekünstelten Stellungsspiel Schestaks Gefallen zu finden.

Herbert Kopeinig dagegen wurde erst Monate später aus der Nervenheilanstalt entlassen. Lange hatten die Ärzte versucht, ihn von der fixen Idee zu befreien, Herbert Kopeinig zu sein, und nur eine ausgeklügelte Mischung aus chemischen Cocktails und elektrischen Muntermachern hatte dann doch noch zur Heilung geführt. Es fiel dem solcherart amnesierten Kopeinig nicht leicht, sich in Freiheit zurechtzufinden: Nachdem er stundenlang durch die nebelverhangenen Straßen der Vorstadt geirrt war, betrat er aufs Geratewohl ein kleines, unscheinbares Wirtshaus.

»Da kommt er ja endlich, der Kopeinig!«, schallte es ihm frohgemut entgegen.

Halsknacker

Der Polivka sitzt müde auf der Couch und zappt sich durchs Abendprogramm. Es ist kurz vor neun; auf allen Sendern wird fleißig gemordet und aufgeklärt. Inspektor Columbo hat noch eine Frage, Harry holt schon mal den Wagen, Monk klaubt eine Fussel von seinem Jackett. Der Polivka zappt weiter, ärgerlich und immer ärgerlicher. Schließlich zahlt man auch als Krimineser seinen Fernsehbeitrag, und was bekommt man geboten? Nichts, was man nicht vor dem Dienstschluss auch schon hatte, nichts als seinen Job. So, als würde ein Grubenarbeiter seine hart verdiente Kohle für Dokumentarfilme über den Bergbau verpulvern.

Neun Uhr. Auf dem Bildschirm untersucht ein Pathologe Hautpartikel eines Serienkillers, die er dem Mageninhalt eines Goldfischs entnommen hat, in dessen Glas die Tatwaffe (eine halbautomatische Glock) gefallen war. Polivkas Handy läutet: Ohne Krimi geht die Mimi nie ins Bett. Diesen Klingelton hat der Polivka dem Kommissariat zugeordnet, allerdings weniger aus humoristischen Gründen als aus solchen beruflicher Selbstüberlistung: Um die ungeliebte Melodie nicht länger hören zu müssen, hebt er ab, der Polivka.

Als eine der am eifrigsten befahrenen Durchzugsachsen Wiens führt der Heumarkt an der östlichen Flanke des Stadtparks entlang vom Schwarzenbergplatz Richtung Donaukanal. An manchen Stellen, so etwa im Bereich seiner Kreuzung mit der Johannesgasse, fächert er sich stolz zur vielspurigen Straße auf: ein hässliches, stinkendes Zeugnis dafür, dass die Stadtplanung nicht den Flaneuren, sondern nur den Chauffeuren dient. Der Heumarkt ist aber nicht immer so ein Menschenfeind gewesen. Durch seine Nähe zum Zentrum und durch seine Lage am Stadtpark zählte er einst zu den beliebtesten Wohnadressen Wiens. Von dieser Ära zeugt auch noch das eine oder andere alteingesessene Lokal, das hier zu finden ist: durchwegs verwitterte Schönheiten und gebrechliche, gedemütigte Helden.

Vor dem Haus am Heumarkt Nummer 15 rotieren die Blaulichter. Der Polivka steigt ächzend aus dem Wagen und betrachtet die Biedermeierfassade. Kein Schild, kein Schriftzug lässt darauf schließen, dass das Erdgeschoß dieses Gebäudes ein Kaffeehaus beherbergt. Der Polivka schlägt seinen Mantelkragen hoch (das hat er im Fernsehen gelernt) und betritt das Café am Heumarkt.

Er findet sich in einer luftigen, weitgehend schmucklosen Halle wieder, in einem jener L-förmigen Säle, wie sie alten Wiener Ecklokalen eigen sind. Vor einer mächtigen, zentral platzierten Marmorsäule röchelt eine hochbetagte Kühlvitrine vor sich hin, die Wände sind braun patiniert. Zwei ramponierte Karamboltische scheinen von Zeiten zu träumen, in denen das Wörtchen Kultur noch nicht mit Hedgefonds und ungesättigten Fettsäuren assoziiert wurde. Es ist ein großes, altes Tier, dieses Kaffeehaus, und es trägt den unaufhaltsamen Niedergang seiner Spezies mit Gleichmut.

Der Polivka nestelt seine Zigaretten aus der Manteltasche, um sich eine anzuzünden – wo sonst, wenn nicht hier –, als ein Mann im weißen Arbeitskittel auf ihn zueilt und ihm einen Aschenbecher hinhält. »Net bös sein, gnä' Herr, aber rauchen dürfen S' da herinnen net. Sie wissen scho', Umgebungsdings; wir san ja gesetzlich verpflichtet … Noch dazu, wo wir das Haus heut voller Kieberer haben.«

»In Ordnung«, seufzt der Polivka und dämpft die Zigarette aus, »wo sind denn die Kollegen?«

»Wen meinen S' 'leicht? Welche Kollegen?«

Der Polivka seufzt noch einmal. »Ich bin der Oberkieberer.«

Die Kollegen befinden sich in einem kleinen, unwirtlichen Extrazimmer neben den Toiletten. An der Tür signalisiert ein Etikett, dass man in dieser Kammer sogar noch Tabak verbrennen darf – ein skandalöser Zustand in Zeiten der modernen Fettsäurekultur. Auf einem Sessel inmitten des Raumes sitzt die Leiche: ein blasses, zerknittertes Männchen in dunklem Jackett und schneeweißem Hemd. Sein grau melierter Kopf ist tief auf seine Brust gesunken. Blut ist keines zu sehen.

»Genickbruch«, brummt ein hagerer Kollege dem Polivka entgegen. »Sagt der Doktor jedenfalls.«

»Dir auch einen schönen Abend«, gibt der Polivka zurück. »Und wo ist er jetzt, der Doktor?«

»Weg. Daheim wahrscheinlich.«

»Und wer ist der Tote?«

»Karl Hudak«, antwortet da eine Stimme in Polivkas Rücken. Der weiße Arbeitskittel ist ihm unauffällig gefolgt; er steht im Türrahmen und steckt sich eine Zigarette an. »Der Hudak«, sagt er jetzt und bläst eine Rauchwolke aus, »ist Stammgast bei uns, seit ich denken kann. Also seit immer.«

»Jetzt nimmer.« Der Polivka zieht einen Stuhl heran und setzt sich. »Wann ist er denn heute gekommen?«

»Gegen Mittag, wie üblich. Er hat sich die Zeitungen geschnappt und sich da hinten hereingesetzt. Früher, da hat er noch vorn seinen Stammplatz gehabt, gleich neben dem Ofen.«

»Verstehe. Und wer war heut noch da herinnen?«

»Fast niemand. Schauen S' doch selbst«, der Kellner deutet durch die Glastür in den leeren Gastraum, »wir sind nicht mehr gefragt bei den Leuten. Die Heutigen gehen zuerst ins Fitnessstudio und dann in irgendeine durchdesignte Multivitaminbar, und die Gestrigen wollen nix wie ihre Ruh von diesem überkandidelten Schnickschnack. Nur, zur Ruh gehört halt auch, Sie wissen schon …« Der Kellner hält die Zigarette hoch.

»Wo gehen sie denn stattdessen hin, die Gestrigen?«, fragt der Polivka, der bei Vernehmungen nicht selten abzuschweifen pflegt.

»Die bleiben z' Haus und schauen ins Fernsehkastel.«

»Ah, so. Das klingt … traurig.« Der Polivka räuspert sich leise. »Sie haben also g'sagt, fast niemand war hier hinten beim Herrn Hudak. Was heißt fast?«

»Na, abgesehen von meiner Wenigkeit war heut nur eine Dame da.«

»Und was für eine Dame?«

»Schon mehr von der reiferen, um nicht zu sagen fossilen Art. Schlohweiße Haar' und ein G'schau wie die bucklige Welt. Sie hat zuerst vorn bei der Budel ein Krügel getrunken. Dann hat sie mich g'fragt, wo hier für Raucher ist, und hat sich da hereinverfügt.«

»Wie lang?«

»Ich weiß net. Eine Zigarettenlänge halt.« Der weiße Kittel zuckt die Achseln, dämpft dann seine Zigarette aus. »Wenn Sie mich jetzt entschuldigen...«

»Momenterl, bitte. Ihr Herr Hudak, was hat der normalerweise g'macht?«

»Na, was man halt macht im Kaffeehaus. Ein Mokka, ein Spritzer ... Zu Mittag hat er fast immer das Einsermenü bestellt.«

»Ich meine, wenn er nicht bei Ihnen im Kaffeehaus war. Wenn er ...«

»Der Hudak war immer da«, unterbricht der Kellner den Polivka. »Zumindest in den letzten dreißig Jahren.«

»Und davor?«

»Davor meistens auch. Nur im Sommer, da ist er am Eislaufplatz g'wesen.«

Der Polivka atmet tief durch und schließt die Augen. Er denkt an die Krimis im Abendprogramm. Er fragt sich, warum sich die Zeugenbefragung im Fernsehen so simpel gestaltet, viel einfacher als in der Praxis. »Am Eislaufplatz also. Im Sommer.« Ein Nicken: Der Polivka heuchelt Verständnis.

»Natürlich, gleich drüben im Eislaufverein. Sie wissen schon: Catchen am Heumarkt. Der Hudak ist bis gegen Ende der Siebziger Ringrichter g'wesen.«

Der nächste Vormittag bringt wenig Neues im Fall Karl Hudak. Die Identität jener schlohweißen Frau bleibt im Dunkel; die Pathologie bestätigt die Todesursache – Genickbruch –, und eine routinegemäße Befragung verschiedener Datenbanken fördert nicht viel Interessantes zutage: Hudak ist in Poysdorf aufgewachsen (wo seine Eltern ein Wirtshaus betreiben) und Mitte der fünfziger Jahre nach Wien übersiedelt. Automechanikerlehre, keine politischen Aktivitäten. Später feste Anstellung in seiner Lehrwerkstatt in Meidling; eine kinderlose Ehe, allerdings ein kurzes Intermezzo, das durch den frühen Tod seiner Frau (Anna Hudak, geborene Jindrak, verstorben 1963 an Tuberkulose) sein Ende fand. Ende der Sechziger Kündigung seines bisherigen Arbeitsverhältnisses und Wechsel in den Schaustellerbereich – so steht es in den Akten. Anfang der Achtziger, das heißt bereits mit vierzig Jahren, Rückzug ins Privatleben. Viele Fährten, keine Spur. Das Melderegister zeigt sich zwar kooperativ – es spuckt Hudaks Adresse aus –, aber weder die Durchsuchung seiner Wohnung im zweiten Bezirk noch die Befragung seiner Nachbarn führen zu verwertbaren Erkenntnissen. Ein ruhiger Mensch soll er gewesen sein, ein angenehmer Nachbar, abgesehen von seiner Qualmerei. Der Polivka seufzt.

Im Internet schaut sich der Polivka am frühen Nachmittag diverse Filme an. Über den Heumarkt und seine Bedeutung für den europäischen Freistilringersport. Wobei ihm die Bezeichnung Sport schon bald zu hoch gegriffen scheint. Ein Zirkus, ja, durchaus artistisch, aber doch vor allem kurios. Dieser Haufen grotesker Kolosse, die sich brüllend, schnaufend, schwitzend aufeinanderstürzen, diese völlig entmenschten Zwei-Zentner-Primaten, grell und exaltiert in ihren Posen. Dazu dieses grölende, geifernde Publikum. »Reiß eam die Brust auf und scheiß eam ins Herz!«, vernimmt der Polivka aus den Computerboxen. »Prack eam die Augen durchs Hirn, dann kann er mit sein' Oasch auf d' Uhr schauen!« Am öftesten ist aber folgender Ausruf zu hören: »Brich eam's G'nack, Bua! Brich eam's G'nack!«

Der Polivka tippt eine Nummer ins Handy. »Sei so gut und schau mir was nach, und zwar alle verfügbaren Adressen von ehemaligen Freistilringern. Du weißt schon: Catchen am Heumarkt ... Na, vornehmlich wohnhaft in Wien, aber bitte schön nicht am Zentralfriedhof.«

»Es war eine herrliche Zeit, aber jetzt ist sie leider vorbei.« Gustav Watzinger lächelt versonnen; er fährt sich mit seinen noch immer gewaltigen Pratzen über die schimmernde Glatze. »Ich selber hab ja schon im Neunundsiebzigerjahr das Handtuch g'worfen. Man soll aufhören, wenn's am schönsten ist.«

»Wieso am schönsten? Haben Sie was gewonnen damals? Irgendeinen Titel?« Der Polivka lässt seinen Blick durch das winzige Wohnzimmer Watzingers streifen: keine zur Schau gestellten Pokale, keine Medaillen, ja nicht einmal die unter Sportlern so beliebte Fotogalerie.

»Nein, g'wonnen hab ich nichts. Ich war ja der Böse im Ring, also der, den das Publikum verlieren sehen wollt'. Und was das Publikum sich g'wünscht hat, das war immer oberstes Gebot: Die Kämpfe waren natürlich vorher abgesprochen, bis ins Kleinste choreografiert. Das hat aber nichts an der sportlichen Note geändert, ganz im Gegenteil: So ist halt zur Athletik noch die Disziplin dazugekommen. Es ist gar nicht so leicht, einen Gegner gewinnen zu lassen, der dir heillos unterlegen ist.« Watzinger beugt sich schwerfällig vor, zieht eine Zigarette aus der Packung auf dem Tisch und steckt sie sich ins runzlige Gesicht. »Sie müssen sich das vorstellen: jeden Abend volles Haus, zehntausend, zwölftausend Leut, Herr Kommissar! Seinerzeit haben wir noch Extratribünen gehabt, bis hinauf zum Konzerthaus, aber die haben sie später dann abmontiert. In den Achtzigern sind ja die Zuschauer zunehmend ausgeblieben; der moderne Mensch will sich halt lieber z' Haus vorm Fernseher beschwindeln lassen. Im Achtundneunzigerjahr war alles endgültig vorbei, das war die letzte trostlose Saison der Heumarktringer. Gut, dass ich's nicht mehr erleben hab müssen.«

Der Polivka raucht sich jetzt auch eine an. »Und der Hudak?«, fragt er. »Was war das für einer?«

»Der Hudak Karl? Meiner Seel, was soll ich sagen? Wortkarg war er und ein bissel verklemmt. Zum Beispiel hat ihm der Veranstalter einmal gesagt, dass sich die Schiedsrichter am Abend Schottenröcke anziehen sollen, das tät den Leuten draußen g'fallen.

Der Hudak hat sich aber strikt geweigert. Transvestiten kannst du dir woanders suchen, hat er g'sagt, also hat am End ein anderer den Job gemacht.«

»Und deshalb ist er ausgestiegen aus dem G'schäft?«

»Nicht deshalb, nein. Ich glaub, er hat im Lotto g'wonnen oder irgendwas geerbt. Genau kann ich's nicht sagen, das war ja schon nach meiner Zeit.«

»Und Ihre früheren Kollegen? Haben Sie noch Kontakt mit denen?«

»Nein. Schon lang nicht mehr. Die meisten waren ja auch von auswärts: Der wilde Mugumba beispielsweise – der hat immer einen Gürtel angehabt, an dem so kleine Schrumpfköpfe gebaumelt sind –, der war in Wahrheit Italiener. Oder Jochen, der Knochenbrecher Schulze: ein Exmatrose aus Hamburg. Ich weiß gar nicht, ob die alle noch am Leben sind.«

Der Polivka zückt den Notizblock und blättert, bis er die richtige Seite gefunden hat. Nicht mehr als zwei Namen sind darauf vermerkt: sein Gegenüber Gustav Watzinger und ... »Was ist mit dem Krutitz?«, fragt der Polivka. »Paul Krutitz. Das ist doch ein Wiener.«

Watzinger grinst. »Den gibt's noch, den Krutitz? Pawel Gulag Krutnikow, so hat er im Ring geheißen. Er war einer von den Bösen, so wie ich.

Verfilzter Vollbart, dreckiges Trikot mit einem aufgenähten Sowjetstern. Wenn er die Leute angepöbelt hat, dann hat man seine Zahnlücken gesehen; die waren natürlich aufgemalt, mit einem schwarzen Stift. Der Krutitz ist mit einer Riesenflasche Wodka aufgetreten, jedenfalls ist das am Etikett gestanden, und das Publikum hat ihn dafür gehasst. Nach einem guten Griff – zum Beispiel einem Ohrenreiberl oder einem Nackenstaucher – hat er jedes Mal die Fäuste in die Luft gestreckt und seine Achselhöhlen beschnuppert. Ja, der Krutitz Pauli … Sagen S', wie geht's ihm denn? Haben Sie ihn auch schon getroffen?«

»Noch nicht.«

»Dann lassen S' ihn doch bitte herzlich grüßen, wenn S' ihn sehen.«

Paul Krutitz also ist die letzte Spur einer Chance auf den Hauch einer Spur in der Mordsache Hudak. Dem Polivka hat Krutitz heute Nachmittag am Telefon gesagt, er sei – nach langen Jahren im Ausland – erst kürzlich wieder nach Wien übersiedelt. Er wohne deshalb noch zur Untermiete und sei nicht empfangsbereit; mit einem abendlichen Treffen im Kaffeehaus sei er aber einverstanden. Und so kommt es, dass der Polivka jetzt an den Ort der

Tat zurückkehrt, in die Raucherkammer des Cafés am Heumarkt.

Pawel Gulag Krutnikow ist bereits da: Ein wohlbeleibter Greis im Tweedjackett, so sitzt er breit an jenem Tisch, auf jenem Stuhl, auf dem der Ringrichter Karl Hudak gestern hingerichtet worden ist. Auf Krutitz' Nase sitzt ein wackeliges Brillengestell, um sein gerötetes Gesicht wallt ein enormer weißer Bart. Kaum, dass der Polivka den Raum betritt, stellt er sein Krügel Bier ab und steht schnaufend auf. »Herr Kommissar?«

»Nur Polivka, Herr Krutitz. Polivka, ganz ohne Künstlername.«

Die Herren nehmen Platz; der Polivka bestellt ein Achtel Rot beim weißen Arbeitskittel. Man greift schweigend zu den Zigaretten.

»Ich gehe davon aus, dass Sie des Mörders noch nicht habhaft sind«, beginnt Paul Krutitz endlich das Gespräch, »was ich betrüblich finde, weil ich diesen Unhold gerne hinter Gittern sähe. Hudak war ein Mann, dem ich, wenn schon nicht Zuneigung, so doch Respekt entgegenbrachte.«

Der Polivka horcht auf. Dass sich ein Freistilringer namens Pawel Gulag Krutnikow so gewählt ausdrückt, lässt ihn staunen.

»Wenn ich also in der Lage bin, zur Lösung dieses Falles mein Scherflein beizutragen, will ich es mit Freuden tun.«

»Vielen Dank, Herr Krutitz. Sagen S' mir doch bitte erst einmal, ob Sie den Karl Hudak in der letzten Zeit gesehen haben.«

»Nein. Es hat sich, wenn ich mich nicht irre, vor drei Jahren zum letzten Mal ergeben, dass wir einander zu begegnen das Vergnügen hatten. Unsere Beziehung war sporadisch, auf dem Zufall aufgebaut. Wer Hudak suchte, wusste ohnehin, wo er zu finden war: in diesem Raum, an diesem Tisch.«

»Verstehe. Und die Catcher? Haben Sie mit dem einen oder anderen noch Kontakt?«

»Ich wüsste nicht, mit welchem. Bis vor Kurzem stand ich noch im brieflichen Verkehr mit Sam Wolinsky, einem gebürtigen Polen, der später nach Amerika gegangen ist. Aber Sam, der Kinderfresser Wolinsky ist bedauerlicherweise letztes Jahr verstorben.«

»Und der Watzinger? Der Gustav Watzinger?«

Paul Krutitz lächelt milde. »Unser Gusti … Nein, mit Gustav Watzinger bin ich seit vielen Jahren nicht mehr zusammengetroffen. Um der Wahrheit die Ehre zu geben: Der Kollege Watzinger war mir nicht zugetan.«

»Warum nicht?«

»Nun, es kommt bisweilen zu Animositäten, wenn sich Kämpfer gegenüberstehen. Die Sympathie ist auch bei rauen Männern nur ein zartes Pflänzchen.« Krutitz greift zu seinem Krügel, trinkt. »Sie müssen wissen«, fährt er fort und wischt sich den Bierschaum vom Mund, »dass das auch der Grund für seinen frühen Abschied vom Ringersport war. Im Sommer 1979 hat er einen Titelkampf verloren, und das, so scheint mir, hat er nicht verwunden.«

»Das versteh ich nicht. Ich dachte, dass die Kämpfe vorher abgesprochen waren.«

»Das waren sie in der Regel auch. Nur damals hat das Schicksal eben andere Wege eingeschlagen. Watzinger hätte gewinnen sollen, aber sein Gegner war einfach zu stark für ihn; er hat ihn in der Hitze des Gefechts vernichtet.« Krutitz grinst verschmitzt.

»Und dieser Gegner«, sagt der Polivka, dem jetzt ein Licht aufgeht, »sind Sie gewesen: Pawel Gulag Krutnikow.«

Paul Krutitz nickt. »Es war kein hochklassiger Kampf. Zuerst das übliche Geplänkel: Ohrenreiberl, Wampenklatscher und diverse Schmähungen. Erst in der dritten Runde sind wir zunehmend in medias res gegangen. Watzinger hat einen Armschlüssel angesetzt, den ich im Handumdrehen zu parieren in der Lage war. Worauf er es mit seinem unbestrittenen Paradegriff, dem Halsknacker, versucht hat, der für diesen Zeitpunkt aber nicht von uns vereinbart worden war. Ich habe das als Kriegserklärung aufgefasst und Watzinger mit einem lupenreinen Ausheber über die Seile geschickt. Er ist nicht fachgerecht gefallen, und, obwohl er augenblicklich wieder auf den Beinen war, benommen vor den Sitzreihen herumgetorkelt. Dabei hat er wüst das Publikum beschimpft, statt wieder in den Ring zu steigen. Also hat ihn der Kampfrichter ausgezählt und mir den Meistergürtel überreicht. Der Ringrichter war übrigens«, Paul Krutitz sieht den Polivka bedeutungsschwanger an, »kein anderer als Karl Hudak.«

»Hudak«, murmelt der Polivka. »Halsknacker«, fügt er gedankenverloren hinzu.

»Kollege Watzinger war außer sich vor Zorn, auch nachher in der Garderobe noch. Am nächsten Abend ist er ausgeblieben, auch am übernächsten. Erst drei Tage später hat uns der Veranstalter darüber informiert, dass unser Fräulein seinen Hut genommen hat.«

Der Polivka stutzt. »Unser … was?«, stößt er heftig hervor.

»Unser Fräulein, Herr Polivka. Das war sein

Künstlername: Gusti, unser Fräulein Watzinger. Sein Markenzeichen waren Perücke, Schminke und Plisseerock, manchmal auch Tutu.«

»Mein Gott ...«

»Mein Gott!«, ertönt es nun auch von der Tür her. »Sie ist wieder da, Herr Kommissar! Die Alte von gestern!«

Das Gesicht so farblos wie sein Kittel, hastet der Kellner herbei. Aber schon wird er rüde zur Seite geschoben und eine – man kann sie nicht anders bezeichnen – titanische Greisin tritt in den Raum. Eine seidene Bluse, die sich über der monströsen Oberweite spannt, ein gefältelter Rock, aus dem knorrige, haarige Waden ragen. Ein bulldoggenhaftes Gesicht unter einer – zu weit in die Stirn gerutschten – schlohweißen Perücke.

Es ist Gusti, unser Fräulein Watzinger.

»Der Hudak und du, ihr habts mir den Titel g'stohlen!«, bellt Watzinger heiser. »Und dann hast du dich abgesetzt, du feige Sau! Seit dreißig Jahren wart ich drauf, dass d' endlich wieder z'rück nach Wien kommst, aber jetzt ... jetzt hol ich mir, was mir gebührt! Brauchst gar nicht deppert glotzen, Krutnikow; jetzt hilft dir keiner mehr, schon gar nicht dein Freund Hudak, diese schäbige Figur. Der hat ja damals schon, nach seinem Fehlentscheid, sein jämmerliches Schwanzerl eingezogen. Jeden Abend nach den Kämpfen hab ich auf ihn g'wartet, draußen vor der Tür: ›Na, Hudak, kleiner Halsknacker gefällig?‹ Zwei Saisonen, dann war er so weit, dann hat er dem Heumarkt Adieu g'sagt. Und gestern ... ja, gestern der Welt.«

»Sie waren es«, konstatiert der Polivka. »Sie haben ihn umgebracht.«

»Ich hab ihn ein bissel umarmt, aber leider: Er war halt dagegen allergisch. Der Hudak hat ja immer schon was gegen Herren in Damenkleidern gehabt, und wenn's auch nur ein Schottenrockerl war.«

Der Polivka steht auf. »Herr Watzinger, Sie sind verhaftet«, sagt er feierlich.

Gustav Watzinger bedenkt den Polivka mit einem kurzen, abfälligen Blick; dann geht er langsam auf Paul Krutitz zu.

»Bleiben S' stehen, Herr Watzinger!«, versucht es der Polivka noch einmal. Watzinger antwortet nicht. Es ist Paul Krutitz, der an seiner Statt das Wort ergreift.

»Nur einen Augenblick«, sagt Krutitz. Er erhebt sich mühevoll von seinem Sessel, windet sich aus dem Jackett, nimmt seine Brille ab und zieht sich dann mit elegantem Griff die dritten Zähne aus dem Mund. Mit einem schwer verständlichen »Wenn Fie fo freundlich wären« drückt er dem Polivka Gebiss und Brille in die Hand.

»Ja, bravo! Hat sich der Krutnikow einen neuen Genossen gefunden!« Gustav Watzinger entledigt sich nun gleichfalls seines Zahnersatzes und versenkt ihn in Polivkas Rotweinglas. »Jepf paff gut auf, Genoffe Gulag, ich reiff dir die Eier ab!«

Er ist ja nun kein ausgesprochen körperlicher Mensch, der Polivka. Und seine Dienstwaffe hat er, wie meistens, zu Hause gelassen. Also muss er nun tatenlos zusehen, wie die beiden wackeligen Alten in den Clinch gehen, wie sie ihre bläulich geäderten, zittrigen Hände ineinanderkrallen. Unser Fräulein startet bald den ersten Angriff; es bekommt den langen Bart von Pawel Gulag Krutnikow zu fassen, zerrt daran und presst dem Gegner seinen linken Ellenbogen ins Genick. Krutnikow röchelt, sein Blick geht ins Leere. Aber irgendwie gelingt es ihm, sich wieder hochzustemmen; mit gesenktem Kopf dringt er auf unser Fräulein ein, um ihm die Schulter in den Bauch zu rammen. Watzinger taumelt zurück, während Krutnikow die Fäuste in die Luft streckt und den Kopf zur Seite dreht, so weit es die Arthrose eben zulässt.

»Er beschnuppert seine Achselhöhlen«, murmelt

der Polivka, der mittlerweile wieder Platz genommen hat. Krutitz' Gebiss auf dem Schoß, so sitzt er jetzt neben dem Kellner, um den Kampf der geriatrischen Giganten zu verfolgen.

Unser Fräulein ist inzwischen unter beträchtlichen Mühen auf einen der Tische geklettert; es richtet sich schwer atmend auf. »Und jepf bekommf du deinen Gnadenftof, Genoffe Gulag!« Watzinger nimmt Maß, rückt vorsichtig bis an die Kante vor – und springt. Er hat jedoch nicht mit der Flinkheit des Feindes gerechnet: Während er noch in der Luft schwebt, trippelt Pawel Gulag Krutnikow mit einigen hastigen Schritten zur Seite. Unser Fräulein flattert, unser Fräulein kreischt. Mit einem lauten, knirschenden Geräusch kracht unser Fräulein auf die Bretter. Krutnikow wartet nicht lange; sogleich ist er wieder zur Stelle, kniet sich ungelenk und ächzend auf den Boden und wälzt sich dann über den reglosen Körper unseres Fräuleins, um es in den Schwitzkasten zu nehmen. Nach schier endlosen Sekunden ohne Gegenwehr ergreift er Watzingers erschlaffte Hand und klatscht damit auf die Parketten: zweimal, dreimal – der Kampf ist zu Ende.

Er wäre auch so zu Ende gewesen. Eine Viertelstunde später stellen die vom Polivka geholten Sanitäter den Tod Gustav Watzingers fest. Fraktur des zweiten Halswirbels, so lautet ihre Diagnose.

»Sehen Sie sich gezwungen, mich jetzt festzunehmen?«, fragt Paul Krutitz (der die dritten Zähne unterdessen wieder in den Mund geschoben hat) den Polivka.

»Das wird wohl zu vermeiden sein. Ich wüsste keinen Ort, an dem das Recht auf Notwehr angebrachter wär als hier am Heumarkt.«

Krutitz nickt. Er reicht dem Polivka die Hand und wackelt durch den Gastraum des Cafés dem Ausgang zu. Als er die Karamboltische erreicht hat, bleibt er stehen und zündet sich bedächtig eine Zigarette an. Erst dann verlässt er das Lokal.

Er ist ein großes, altes Tier, dieser Genosse Pawel Gulag Krutnikow, und er trägt den unaufhaltsamen Niedergang seiner Spezies mit Gleichmut.

Der Polivka sieht ihm noch lange nach. Und seufzt.

Schobers Glückstag

Die Sonne stand schon tief am wolkenlosen Himmel, ihr warmes Licht aber lag noch auf Wäldern und Wiesen, auf den sanft gewölbten, moos- und tannengrünen Hügeln. Die Natur – man konnte es spüren – aalte sich wonnig darin.

Inspektor Schober hatte keinen Sinn für derlei Wonnen. Er strebte zügig das Fairway entlang, zog den Putter aus der Tasche und betrat das siebzehnte Grün. Schober wirkte konzentriert, seine Miene entschlossen, ja fast schon verbissen: Es war das Gebaren eines jämmerlich einsamen Menschen, der vor sich und der Welt so tut, als wäre ihm nichts willkommener als das Alleinsein.

Fast ein Jahr lang spielte Schober nun schon Golf. Anfangs hatte er es nur zur Entspannung getan, als Ausgleich zu seinem Dienst im Betrugsdezernat. Später dann, weil ihm das Spiel immer besser gefiel. Nur zu meistern mit einer geradezu magischen Mischung aus Intuition und Kontemplation, ähnelte es frappant seiner Arbeit. Ein eingelochter Ball war wie ein aufgeklärter Fall: Man hatte gezielt und geschlagen, verfehlt und gesucht, gefunden, gehadert, geflucht. Man hatte sogar kurz mit dem Gedanken gespielt, die eine oder andere Regel zu brechen … Letztlich aber hatte man den kleinen Gauner – ganz legal – dahin gebracht, wo man ihn haben wollte: ins Loch.

Nur: Was zählt der Erfolg ohne Publikum? Was der Triumph, wenn es keinen Applaus dafür gibt? Schobers Kollegen weigerten sich standhaft, ihn auf seinen Runden zu begleiten. Mehr noch, sie verspotteten ihn ob seiner Leidenschaft. »Schau, wie fesch, der feine Herr von Schober hat schon wieder die karierten Sockerln an«, pflegten sie hinter seinem Rücken zu flöten, gerade laut genug, dass er es hören konnte.

Schober schob den Ball einen Meter neben das Loch, versenkte ihn erst nach zwei weiteren Fehlschlägen und stapfte missmutig weiter zur achtzehnten Bahn. Ein Par drei, knapp hundertvierzig Meter, enges Fairway, leicht nach links geneigt. Schober erklomm den Abschlag – und stutzte.

Auf dem achtzehnten Grün standen zwei Männer, einer kariert, einer gestreift, zwischen denen ein heftiger Streit entflammt war. Statt ihr Spiel zu beenden, warfen sie die Arme hoch und diskutierten lauthals. Schober vermeinte sogar, durch das laue Abendlüftchen das eine oder andere Schmähwort zu vernehmen. Kurz entschlossen ging er auf die Männer zu, um deren Streit zu schlichten oder sie auf andere Weise vom Grün zu vertreiben.

»Vielleicht können Sie uns ja helfen!«, rief ihm der Gestreifte entgegen. »Wir haben da ein … nun, ein mehr als strittiges Regelproblem!« Und der Gestreifte zeigte auf den Rasen, auf dem – nun konnte auch Schober es erkennen – etwas Großes und Rundliches lag: Ein Mann, konstatierte Schober, sobald er das Grün erreichte. Ein wohlbeleibter, regungsloser Mann. Aus einer Wunde auf seiner Stirn tröpfelte Blut ins Gras.

»Sie werden mir doch recht geben«, sagte nun der Karierte, »dass es sich hierbei um ein bewegliches Hemmnis laut Regel vierundzwanzig Absatz eins handelt, welches ich also entfernen darf, ehe ich putte. Dieser Herr hier«, er bedachte den Gestreiften mit einem verächtlichen Blick, »dieser Herr hier vertritt dagegen den lachhaften Standpunkt, dass der Tote als loser hinderlicher Naturstoff zu betrachten ist.«

»Das will ich doch meinen!«, brauste der Gestreifte auf. »Regel dreiundzwanzig!«

Schober runzelte die Stirn und umkreiste den

leblosen Mann, zu dessen Füßen ein zerbrochener Putter lag.

»Jemand muss ihn erschlagen haben«, bemerkte der Karierte mit Nachdruck. »Was eindeutig für das bewegliche Hemmnis spricht. Er ist ja offenbar durch Menschenhand in diese Lage gekommen.«

Inspektor Schober überlegte. Ging dann in die Knie und betrachtete den kurz geschorenen Rasen, aus dem ein beträchtlicher, beinahe faustgroßer Klumpen Erde geschlagen war. Er erhob sich, trat an die Fahne, bückte sich abermals und holte mit triumphierendem Lächeln einen Ball aus dem Loch.

»Haben Sie etwas herausgefunden?«, fragte der Gestreifte.

»Allerdings«, gab Schober zurück. »Als Golfer muss ich Ihnen beiden zustimmen: Die Leiche ist zweifelsfrei loser Naturstoff, ihre Kleidung dagegen bewegliches Hemmnis. Entfernen dürfen Sie sowohl die Kleider als auch den Toten, zumal er sich nicht in einem Hindernis gemäß Regel dreizehn befindet.« Schober legte eine Pause ein und schüttelte den Kopf. »Als Kriminalbeamter muss ich Ihnen aber widersprechen: Hier liegt sicher keine Fremdeinwirkung vor.« Und mit leisem Seufzen fügte er hinzu: »Als Mensch wieder kann ich nur sagen: Es ist eine Bürde, immer allein seine Runden drehen zu müssen ...«

Mitleidig musterte Schober den Toten, als ein Ruck durch dessen Körper ging. Der Dicke schlug die Augen auf. »Wenn Sie außerdem Arzt wären«, murmelte er benommen, »dann hätten Sie mich wiederbelebt, statt hier Vorträge zu halten. Schließlich ist es auch regelkonform, wenn sich der lose Naturstoff von selbst entfernt.«

Wie Schober vermutet hatte, war der Mann, so wie er selbst, alleine auf die Runde gegangen. Und hatte am achtzehnten Loch ein Hole-in-One gespielt. Nachdem er sich vergewissert hatte, dass sein Ball tatsächlich im Loch gelandet war, hatte ihn rasender Zorn ergriffen: Zorn darüber, dass es keinen Zeugen, keinen Beifall für seine Meisterleistung gab. In seiner Wut hatte er seinen Putter aufs Grün geschmettert, der Schläger war zerbrochen, der Schlägerkopf zurückgeprallt und gegen seine Stirn geschlagen.

»Wie heißen Sie?«, fragte Schober, als sie sich auf den Weg zum Klubhaus begaben. »Wendel«, gab der Dicke zurück. »Inspektor Wendel, Sittendezernat. Meine Kollegen weigern sich, Golf zu spielen, die machen sich immer nur lustig über mich ...«

Ein letzter Sonnenstrahl fiel durch die Baumwipfel; er umhüllte die beiden Männer mit einer rötlichen Gloriole. Inspektor Schober ahnte, dass dies der Beginn einer wunderbaren Freundschaft war.

Kleine Geschenke der Freundschaft

Geh Ferdl, zahl mir noch eins, um unserer alten Freundschaft willen … Ob ich meine Brieftasche verloren hab? Da kann ich nur lachen … Brieftasche … Sei so gut, zahl mir noch eines, ja? Nur eins noch … Wo ich jetzt wohn, willst du wissen? Kommt drauf an. Im Sommer meistens im Stadtpark drüben, oder unten am Kanal, wo wir immer gespielt haben als Kinder. Im Stadtpark riecht's besser, da gibt's den Rosengarten und reihenweise parfümierte Damen, dafür ist es am Kanal unten ruhiger, und wenn's regnet, kann ich mich unter die Brücke setzen. Jetzt im Winter bin ich am Bahnhof, Süd oder West, oder ich geh rüber ins Männerheim, auf eine Klostersuppe … Geh, zahl mir noch eines, Ferdl … Danke. Dank dir … Was hast g'sagt? Weil Weihnachten ist? Weihnachten? Dann verzicht ich. Dann kannst du dir dein Viertel in die Haar schmieren … Nein, war nur ein Scherz, ich nehm's schon. Aber trotzdem: Komm mir nicht mehr mit Weihnachten. Nie wieder. Es ist ein einziger Fluch, dieses Weihnachten ...

Wie lang wir uns nicht mehr gesehen haben? Das kann ich dir ziemlich genau sagen: zweiundzwanzig Jahre. Nach der vierten war's, da bist von der Schule weg und hast die Fleischerlehre angefangen, im Geschäft von deinem Vater. Und der ist dann kurz darauf ... Ich hab's in der Zeitung gelesen damals. Nachträglich herzliches Beileid, Ferdl. Schlimme G'schicht ... Sag, hat man die Täter eigentlich irgendwann erwischt? Nein? Furchtbar ... Wenn man sich vorstellt, dass die immer noch frei herumlaufen ... Na, jedenfalls haben wir uns dann aus den Augen verloren. Ich bin weiter in die Schule gegangen, und du ... Aber so wie du ausschaust, hast du's offenbar weit gebracht. Von deinem Anzug könnt ich ein halbes Jahr leben wie Gott in Frankreich ...

Schon komisch, wie das Schicksal spielt. Kannst dich erinnern? Früher, in der Schulzeit, war ich es immer, der dir was spendiert hat, ein Eis oder eine Limonade ... Ja, ich weiß schon, du hast ja nie ein Taschengeld gekriegt; ihr habts euch ja nichts leisten können, du und dein Vater. Sag, was ist eigentlich aus der Fleischerei geworden? Im Ernst? Die gehört immer noch dir? Und zwei Hotels? Drei Restaurants?

Mein Gott, Ferdl, du hast es ja wirklich geschafft ...
Könntest dich schon längst zur Ruhe setzen ...

Prost. Auf deinen Erfolg. Schön, einen alten Freund wiederzusehen. Kannst dich noch erinnern, wie wir damals Blutsbrüderschaft geschlossen haben, ganz wie der Winnetou mit dem alten Shatterhand? Und wie meine Mutter einen hysterischen Anfall gekriegt hat, wie sie das Blut gesehen hat? Das waren halt noch Zeiten ... Auf die alten Zeiten. Prost, Ferdl.

Was aus meinen Eltern geworden ist? Na ja, mein Vater ist auch von uns gegangen, kurz nachdem ich fünfzehn war. Sein Herz hat nicht mehr mitgemacht ... Und meine Mutter ... Ehrlich gesagt, ich weiß nicht, wie's ihr geht. Sie ist, wie soll ich sagen, sehr seltsam geworden mit der Zeit. Ich hab sie ... Also, kurz gesagt ... Ein paar Jahre später hab ich sie einweisen lassen, in eine Nervenheilanstalt. Es ist nicht mehr anders gegangen ... Aber sie hat's gut dort gehabt, im Grünen, am Stadtrand. Zumindest eine Zeit lang ... Später hab ich die Rechnungen von der Klinik nicht mehr zahlen können. Ich weiß nicht, wohin die sie dann gebracht haben. Ich will's auch gar nicht wissen, ehrlich gesagt ... Es ist alles meine Schuld. Alles meine verdammte Schuld ...

Was mit unserem ganzen Vermögen passiert ist? Mit den Weingütern? Mit den Landhäusern? Mit dem Familienschmuck? Mit der Oldtimersammlung von meinem seligen Alten? Warum ich heut auf der Straße sitz? Interessiert dich das wirklich? Vergiss es. Du wirst nicht glauben, wie rasch man alles los sein kann, wenn man einen Fehler macht. Einen einzigen Fehler ...

Geh Ferdl, zahl mir noch eines, ja? Ein letztes. Dann erzähl ich dir meinetwegen die G'schicht, wenn du unbedingt willst. Es ist sowieso an der Zeit, dass ich sie einmal wem erzähl. Es ist schon alles egal; ich hab ohnehin nichts mehr zu verlieren. Und wem soll ich das Herz ausschütten, wenn nicht meinem besten Freund? Also, was ist? Krieg ich noch eines?

Prost, Ferdl. Danke ...

In dem Jahr, wie du deine Lehre angefangen hast, hat alles angefangen ... Kannst du dich noch an den Hübner erinnern? An den kleinen Albino, den wir in der Pause immer sekkiert haben? Ja, genau, der mit den weißen Haaren und den Sonnenbrillen, der ausg'schaut hat wie dieser deutsche Sänger, du weißt schon ... Der Hübner, die arme Sau ...

Es war am letzten Advent, drei Tage vor Weihnachten. Eigentlich hätt ich mit meinen Eltern nach Kitzbühel fahren sollen über die Feiertage, aber es ist irgendetwas dazwischengekommen in der Firma von meinem Vater. Also sind wir in der Stadt geblieben. Und deshalb bin ich an dem Sonntag runter zum Kanal gegangen. Du weißt ja, bevor du von der Schule weg bist, haben wir uns oft dort getroffen, immer am Nachmittag, und Blödheiten angestellt. Wie auch immer, ich hab mir gedacht, dass ich dich vielleicht treffe, dass du vielleicht zufällig da bist – es soll ja manchmal vorkommen, dass Freunde denselben Gedanken haben. Aber du warst nicht da. Und das, obwohl's die ganze Nacht davor geschneit hat; eine Pracht, sag ich dir, ein schenkeltiefes Schneeballparadies …

Ich bin also den Kanal entlanggestapft und hab Ausschau nach dir gehalten. Es war völlig menschenleer, nur die Krähen sind wie versteinert auf den Bäumen gehockt, das weiß ich noch genau, es war irgendwie unheimlich. Und dann … Ja, dann ist mir der Hübner entgegengekommen.

Ich wollt überhaupt nichts von ihm. Ich hab sogar gegrüßt. »Servus, Hübner«, hab ich gesagt. Und er … Er hat gar nichts gesagt. Ist einfach weitergegangen mit seinen Moonboots und seiner schwarzen Brille und hat so getan, als tät er mich nicht sehen. Da ist mir schon ein bissel die Zornesader geschwollen, zugegeben. Ich bleib also stehen, dreh mich nach ihm um und sag: »Hast du was auf den Ohren, Depperter?« Und er, der Hübner, zieht die Schultern hoch und marschiert einfach weiter. Heute denk ich mir manchmal, er hat Angst vor mir gehabt. Aber damals ... Ich bücke mich also und bastle mir eine richtige Granate, einen Schneeball, hart und groß wie eine Kokosnuss. Der Schnee war gerade richtig, nicht matschig, aber kompakt ... Und dann ... Ja, dann hab ich geworfen, just, wie der Hübner an einer von den Parkbänken vorbeigeht, die da unten herumstehen.

Jetzt brauch ich einen Schluck ...

Ich hab ihn genau im Genick erwischt. Es war schon ein kräftiger Schlag. Dem Hübner hat's die Brillen vom Gesicht gefetzt; er hat die Arme hochgerissen, ist herumgewirbelt und nach hinten getaumelt ... Aber statt dass er sich einfach in den Schnee fallen lässt und wieder aufsteht, versucht er, das Gleichgewicht zu halten. Macht zwei Schritte. Stolpert ... Ich hab das Geräusch noch heute im Ohr. Eigentlich waren es zwei Geräusche. Ein dumpfer Aufprall, und gleichzeitig so ein kurzes, hässliches Knirschen ... Der Hübner ist genau auf die Kante von der Parkbank gefallen. Mit der Schläfe ...

Was dann passiert ist? Ich hab versucht, ihn aufzuwecken. Hab ihn geschüttelt. Hab ihn angebrüllt. Aber sein Kopf, der ist hin und her geschlenkert wie bei einem billigen Stofftier. Und seine großen roten Augen waren offen. Wenn du die Augen von einem Toten siehst, dann ist dir sofort klar, was los ist. Keine Glut mehr. Nur noch Asche ... Aber du als gelernter Fleischer musst das ohnehin wissen, bei den Tieren ist das wahrscheinlich genauso ...

Nein, ich hab nicht die Polizei geholt. Warum? Weil ich einen Schock gehabt hab. Und weil ich wahnsinnig war, wahnsinnig vor Angst. Natürlich war's ein Unfall, aber hätt mir das jemand geglaubt? Es wäre alles aus gewesen, verstehst du, die Schule, die Zukunft, mein ganzes Leben – ich weiß, dass mir das auch so gelungen ist, du brauchst mich gar nicht so anzuschauen ...

Ich hab dem Hübner seine Sonnenbrillen wieder aufg'setzt. Hab ihn dann die Böschung hinuntergetragen, hinter die Büsche gelegt und mit Schnee zugedeckt. Ich hab nicht daran gedacht, was geschehen wird, wenn es wärmer wird. Wenn es Tauwetter gibt. Ich wollte nur, dass er weg ist, der Hübner, dass er unsichtbar wird, so als wär das alles nicht passiert. Und die ganze Zeit hindurch hab ich das Gefühl gehabt, als würde mich jemand beobachten

… Es ist schon dunkel geworden, als ich heimgelaufen bin.

Zahl mir noch eines, Ferdl. Ich geb dir's zurück, irgendwann, wenn ich wieder bei Kasse bin …

Kannst du dir vorstellen, wie man sich nach so einer Sache fühlt? Es frisst dich auf. Du hast dauernd das Gefühl, als würde dich jedermann anstarren, so als hättest du dick und fett das Wort »Mörder« auf deine Stirn tätowiert. Du kannst an nichts anderes mehr denken. Du versuchst unschuldig zu wirken, aber deine Bewegungen, deine Mimik, der Klang deiner Stimme, alles schreit deine Schuld heraus … Jedes Wort von meinen Eltern, jede Frage hat so geklungen, als ahnten sie etwas. In ihren Blicken hab ich dauernd diesen schwelenden Verdacht gesehen. Wenn das Telefon geläutet oder wenn jemand an der Tür geklingelt hat – mein Herz hat mir jedes Mal fast die Brust gesprengt. Ich hab mir sofort die gedämpften Männerstimmen im Vorraum ausgemalt: »Guten Tag, gnädige Frau, ist Ihr Sohn zu Hause? Wir haben ein paar Fragen an ihn …« Es war unerträglich. Und dann kam der Weihnachtsabend.

Stille Nacht, heilige Nacht … Singen, fressen und Geschenke auswickeln. Ich weiß nicht mehr, was ich alles bekommen hab, ich weiß nur noch, dass ich so tun musste, als würd ich mich freuen, und das war das Schlimmste. In Wirklichkeit hab ich immer nur an den Hübner gedacht, an seine Eltern, wie die jetzt vor dem Christbaum sitzen ... Und dann, als ich endlich fertig war mit dem Auspacken, sagt meine Mutter zu mir: »Schau her, Bub, da ist noch ein Packerl für dich. Das ist heut Mittag vor der Tür gelegen ...«

Es war klein und in grünes Papier gewickelt, mit goldenen Sternen drauf. Ich weiß nicht warum, aber ich wollte nicht, dass mir meine Eltern zusehen, wie ich es aufmache. Schon möglich, dass es so was wie eine Vorahnung war, meine Nerven waren jedenfalls so angespannt, dass ich überall nur noch Gespenster gesehen hab. Also hab ich so getan, als müsste ich aufs Klo. Und dort hab ich dann das Papier aufgerissen ...

Mein Gott, Ferdl ...

Es war ein Zettel drin. Und der Zettel war um etwas Rundes gewickelt. Um etwas Rotes, Glitschiges. Es war ... ein Augapfel. Das Aug vom Hübner ...

Ich brauch jetzt einen Schnaps. Bist du so lieb? Danke ...

Auf den Zettel war etwas geschrieben, in Blockbuchstaben. Obwohl ich's nur einmal gelesen hab, damals, vor zweiundzwanzig Jahren, kann ich es immer noch auswendig:

5000 SCHILLING, MORGEN ABEND. DA, WO DU MICH BEGRABEN HAST. UND KEINE TRICKS: ICH HABE IMMER EIN AUGE AUF DICH. DEIN TOTER FREUND HÜBNER.

Ich hab alles ins Klo gespült und bin wieder raus zu meinen Eltern. Sie haben mich angestarrt wie ein Gespenst, und genau so hab ich wahrscheinlich auch ausgeschaut. Mein Vater hat mich gefragt, wo ich das Packerl gelassen hab, und ich hab irgendwas dahergestottert: Dass es nur ein blöder Scherz war, von einem Schulkollegen. Und dass ich gleich ins Bett gehe, weil mir nicht gut ist, von den Lachssteaks wahrscheinlich …

In derselben Nacht bin ich aus meinem Zimmer geschlichen und noch einmal runter zum Kanal gegangen. Es hat wieder kräftig geschneit. Hinter den Büschen hab ich mit beiden Händen den Schnee weggeschaufelt, bis ich auf die nackte Erde gestoßen bin. Aber nichts. Keine Leiche. Der Hübner war weg.

Ich bin den Rest der Nacht wach gelegen. Ich hab sogar Hoffnung geschöpft. Hab mir gedacht, vielleicht ist er ja gar nicht tot. Vielleicht war er nur ohnmächtig. Vielleicht hat er sich irgendwo ein Kaninchenauge besorgt, um mir Angst einzujagen, der kleine Stinker. Aber am nächsten Tag ist es in der Zeitung gestanden. Eine Annonce von seinen Eltern, mit einem großen Foto vom Hübner. Dass er seit drei Tagen abgängig ist, und dass es eine Belohnung für Hinweise gibt, du weißt schon ...

Mein Vater hat in seinem Büro einen Tresor gehabt, so einen alten schwarzen aus dem neunzehnten Jahrhundert. Und ich hab die Kombination gekannt. Mehr brauch ich dir nicht zu sagen, Ferdl. Ja, ich hab's meinem Vater aus dem Safe gestohlen, das Geld. Hab's in einen Plastiksack gepackt und am späten Nachmittag auf der Böschung deponiert. Hab mich dann hinter einem Baum versteckt und gewartet. Irgendwann ist die Dämmerung hereingebrochen und die Laternen sind angegangen. Aber weißt du, wo, Ferdl? Weißt du, wo sie aufgeleuchtet haben? Drüben, am anderen Ufer. Auf meiner Seite ist es dunkel geblieben. Im Umkreis von zwei-, dreihundert Metern waren alle Laternen kaputtgeschossen. Da hat einer eine sichere Hand gehabt. Und ein gutes Auge ...

Ich bin lange dagestanden und hab überlegt, was ich tun soll. Irgendwann hab ich mich überwunden. Bin aus meinem Versteck geschlichen und hab nachgeschaut. Aber das Geld war schon weg.

Lass uns auf meinen Vater trinken, Ferdl ...

Er war schon ein feiner Kerl, mein Alter ... Natürlich hat er es bemerkt, dass ihn sein eigener Sohn bestohlen hat. Und es hat ihm, glaub ich, das Herz gebrochen. Er hat kein Wort gesagt, er hat nicht einmal die Kombination von dem Tresor geändert. Er hat mich nur immer traurig angeschaut. Ich weiß nicht, wie oft ich kurz davor war, ihm alles zu beichten, aber dann ... Ich hab mir gedacht, wenn er die Sache mit dem Hübner erfährt, dann ist das noch viel schlimmer für ihn.

Der Hübner ist nicht wieder aufgetaucht. Im Jänner haben's ihm zu Ehren einen Gottesdienst bei uns in der Schule abgehalten, mit Fürbitten und so. Kannst dir vorstellen ... Im Februar noch einmal. Und dann ist er langsam in Vergessenheit geraten. Zugegeben, ich hab mir auch gedacht, dass vielleicht langsam Gras über die Sache wächst. In den ersten Monaten war ich noch ein einziges Nervenbündel, blass und zittrig. Dann ist es plötzlich wärmer geworden, und über Nacht ist der Schnee geschmolzen. Ich bin fast durchgedreht vor Angst, sag ich dir. Aber nichts. Man hat keine Leiche gefunden, weder am Kanal noch sonst wo. Über den Sommer war ich mit meinen Eltern in der Schweiz, wir haben dort so ein Chalet gehabt, in den Bergen. Da hab ich ein bissel Ruhe gefunden, hab mich erholt. Ich hab immer öfter geglaubt, es war alles nur ein böser Traum ...

Prost, Ferdl. Auf dich. Du warst immer schon der Gescheitere von uns beiden. Das Geld hab zwar ich gehabt, aber du das Talent. Ich will gar nicht wissen, wie du das geschafft hast damals. Ein Lehrbub, knappe fünfzehn, der ganz allein ein Geschäft führen muss – und der auch noch etwas macht daraus. Unglaublich, Ferdl. Ich bewundere dich, ehrlich ... Aber ich frag mich auch, wie wir zwei jetzt dastehen würden, wenn die G'schicht mit dem Hübner damals nicht mir, sondern dir passiert wär. Dann wär's wahrscheinlich ich, der dich heut auf alles einlädt ... Sag, krieg ich noch eines?

Den folgenden Winter haben wir wieder in der Stadt verbracht, wegen dem schwachen Herzen von meinem Vater. Er war damals schon in Behandlung. Keine Anstrengungen, keine Aufregungen, hat der Arzt gesagt. Meine Mutter und ich, wir haben unser Bestes getan. Haben alle Probleme von ihm ferngehalten. Aber dann ist das nächste Weihnachtsfest gekommen ...

Weihnachten ... Ich kann's kaum aussprechen, dieses Wort. Warum? Du fragst noch, warum?

Diesmal ist das Packerl direkt am Christbaum gehängt. Ich hab's sofort erkannt: grün, mit goldenen Sternen darauf. Du kannst dir wahrscheinlich denken, was drin war. Der Hübner hat ja nicht nur ein Auge gehabt ... Und wieder ein Zettel:

50.000 SCHILLING, MORGEN ABEND. DA, WO DU MICH GETÖTET HAST. UND KEINE TRICKS: ZWEI AUGEN SEHEN MEHR ALS EINES. DEIN TOTER FREUND HÜBNER.

Was hätt ich machen sollen, Ferdl? Was hättest du an meiner Stelle gemacht? Fünfzigtausend Schilling! Ich hab nur eine einzige, völlig vertrottelte Hoffnung gehabt: nämlich, dass nach zwei Augen Schluss sein muss. Ein drittes gibt's nicht, hab ich mir gedacht ...

Weißt du, wie schwer es ist, am Christtag fünfzigtausend Schilling aufzustellen? Ich hab das Silberbesteck aus der Vitrine im Speisezimmer genommen und mich auf die Suche nach einem Juwelierladen gemacht. Draußen am Stadtrand hab ich schließlich einen gefunden, ein kleines, heruntergekommenes Geschäft, das offen hatte. Aber von wegen Juwelier, ein ganz mieser Hehler war das; er hat mir genau fünfzigtausend gegeben, keinen Groschen mehr, obwohl das Tafelsilber mindestens das Zehnfache wert war.

In dem Jahr hat es nicht geschneit. Kalt war es trotzdem unten am Kanal. Ich hab das Geld unter die Parkbank gelegt und mich wieder hinter dem

Baum versteckt. Die Laternen waren diesmal unbeschädigt, das hab ich vorher überprüft. Und dann hab ich gewartet, stundenlang gewartet, aber der Erpresser ist nicht aufgetaucht. Einmal ist ein Liebespaar vorbeigegangen und einmal eine alte Frau, aber das Geld hat niemand genommen. Irgendwann, es war schon fast Mitternacht, hab ich beschlossen, es wieder einzustecken und heimzugehen.

Und weißt du was, Ferdl? Wie ich zu der Parkbank komme, ist es weg. Was? Na, das Geld. Es war einfach weg. Verschwunden.

Ich hab erst später entdeckt, dass unter der Bank ein Kanaldeckel war, verstehst du? Ein Kanaldeckel, und der ist halb offen gestanden ...

Prost, Ferdl. Ja, trinken wir auf meine Mutter. Sie ist damals draufgekommen, dass das Besteck fehlt. Sie hat mich aber nicht danach gefragt; sie hat nur versucht, es vor meinem Vater geheim zu halten. Leider umsonst. Irgendwann hab ich die beiden überrascht, wie sie ganz aufgeregt miteinander geflüstert haben. Von Rauschgift war die Rede und von Psychiater ... Sie haben allen Ernstes gedacht, ich bin süchtig und verhökere das Familiensilber, um mir Stoff zu beschaffen. Und ich hab sie reden lassen: Ihre Rauschgifttheorie war immer noch besser als die Wahrheit ...

Trotzdem war das alles zu viel für meinen Vater. Er ist kurz darauf gestorben, und meine Mutter, na ja, ich hab dir ja schon gesagt, sie ist ... verrückt geworden. Ist nur noch im Schlafrock herumgegangen, auch auf der Straße, und hat Stimmen gehört. Geisterstimmen ...

Aber das Allerschlimmste daran war, dass ich damals das ganze Vermögen geerbt hab. Auch den Anteil von meiner Mutter hab ich verwaltet, sie war ja nicht mehr in der Lage ...

Du kannst dir vorstellen, Ferdl, wie die Geschichte weitergeht. Im nächsten Jahr hab ich zwei Finger vom Hübner zu Weihnachten bekommen. Zweihunderttausend Schilling hab ich zahlen müssen, hunderttausend für jeden, und in dem Brief ist gestanden: KEINE TRICKS: ICH KRIEG DICH IN DIE FINGER.

Im Jahr darauf war eine ganze Hand in dem Packerl. KEINE TRICKS: ICH HAB DICH FEST IM GRIFF. Die Hand hat mich eine halbe Million gekostet ...

Warum ich mich nicht gewehrt hab? Ich hab alles probiert, Ferdl, das kannst mir glauben. Ich bin weggefahren über Weihnachten, bis ans Ende der Welt bin ich gefahren, aber er hat mich aufgespürt, wie mein eigener Schatten. Damals hab ich einen Fuß geschenkt bekommen, und einen Zettel mit den Worten: KEINE TRICKS: ICH BIN DIR IMMER AUF DEN FERSEN.

Da war einfach nichts zu machen. Zwanzig Jahre lang hab ich diese Pakete gekriegt, zwanzig Jahre lang den Hübner, Stück für Stück, aber den Erpresser hab ich nie erwischt ...

Einmal war ich aber nahe dran. Es war wieder hier in der Stadt, und es hat auch wieder geschneit, so wie damals, als die ganze Sache begonnen hat. An dem Abend hab ich es geschafft, seinen Fußspuren zu folgen, den Kanal entlang und dann durch die Straßen bis in die Innenstadt. Er kann keinen großen Vorsprung gehabt haben, dazu waren die Spuren zu frisch, aber zu Gesicht hab ich ihn trotzdem nicht bekommen. Wo die Spuren geendet haben? Vor dem Grandhotel. Verstehst, Ferdl, der miese Typ hat um mein Geld im Grandhotel residiert. Und die haben mindestens zweihundert Zimmer dort ... Was sagst? Dreihundertachtundachtzig Zimmer? Eben: Da hat man keine Chance, einen Unbekannten ausfindig zu machen ...

Aber weißt du, Ferdl, eines hab ich mir oft überlegt. Nämlich wie der Kerl das angestellt hat. Ich meine, so eine Leiche hält sich ja auch nicht ewig. Der Hübner hätt ja schon längst verwest sein müssen, außer ... Ja, außer man hält ihn irgendwie frisch. In einer Gefriertruhe oder in einem Kühlraum ...

Prost, Ferdl. Es ist mir inzwischen egal. Vor drei Jahren hab ich die letzte Lieferung Hübner bekommen, ich will dir lieber nicht sagen, was in dem Packerl war ... Nur so viel, der Text hat gelautet: KEINE TRICKS: DU GEHST MIR NICHT DURCH DIE LAPPEN.

Und seither hab ich eine Ruh. Warum? Ganz einfach, weil's nichts mehr zu holen gibt bei mir. Das letzte Mal hab ich fünf Millionen gezahlt, in einem nagelneuen Koffer, ein Plastiksackerl hat da nimmer g'reicht. Und das war mein letztes Geld. Irgendwie geht's mir jetzt besser, Ferdl. Irgendwie hab ich jetzt das Gefühl, als hätt ich alles abgebüßt. Was? Ob das wirklich alles war? Na ja, wenn du mich so fragst ... Es war so gut wie alles ... Eine Kleinigkeit hab ich noch retten können, einen Diamantring von meiner Urgroßmutter, als Notgroschen sozusagen ... Aber das muss unbedingt unter uns bleiben, verstehst? Unbedingt!

Zahlst mir noch eines, Ferdl? Was, du musst schon gehen? Schad ... Was sagst? Du hast ein Geschenk für mich? Na geh, das wär doch nicht nötig g'wesen ... Danke trotzdem, Ferdl, alter Freund ... Ja, bis bald dann ...

Mein kleiner Münchner Grabgesang

Ich habe München nie gemocht. München, dieses protzig vergoldete Schmuckkästchen, in dem sich Alpenveilchenstraßen und Edelweißplätze finden; München, dieses Mekka bieder-prätentiöser Nobelrustikalität. Wobei München ja nur das Symptom eines Krankheitsbilds darstellt, dessen Ursache seine Bewohner sind. Das blasierte Gehabe der Münchner sprengt jeden, ja selbst einen bayerischen Rahmen. Sie gerieren sich wie ein ungehobeltes Bauernvolk, das im Lotto gewonnen hat. So breit und grob ihre Sprache, so schmerzhaft ihr Mangel an gutem Geschmack. Kitschig, grotesk, manieriert sind ihre Kleider, ihre Häuser, ihre Zimmer: Zerrspiegel einer Schimäre, die den Namen kulturelle Wurzeln trägt. Hirschgeweihkronleuchter, Troddelzierkissen und Eierwärmer aus Blümchenbrokat, das ist München. Männer mit Hirschlederhöschen, Gamsbärtchen, glitzernden Knöpfchen und Kettchen verziert, kokette, geradezu tuntige Männchen, die ihr halbes

Leben vor dem Spiegel verbringen, um sich hernach als »g'standene Mannsbilder« zu bezeichnen, das ist München. Charivari? Nein. Nur Larifari. Das ist München.

Fragen Sie mich nicht, warum ich trotzdem hingefahren bin. »Ein Auftrag«, werde ich sagen, »die Arbeit, die Pflicht und das Geld. Man muss ja schließlich leben.« Abgedroschene Phrasen also, die nicht zuletzt deshalb so widerlich schmecken, weil sie schon von Millionen anderen Menschen in den Mund genommen wurden. Nein, die unausgesprochene Wahrheit ist: Ich bin ein Trottel. Anders kann ich Ihnen meine Reise nicht erklären. Anders kann wohl noch nie eine Reise nach München erklärt worden sein, ganz gleich von wem und wie lange und wann.

Als einzigen mildernden Umstand will ich ins Treffen führen, dass mir der Einsatzort die längste Zeit verschwiegen worden war. Mein Kontaktmann in Wien (ich will ihn der Einfachheit halber Mittler nennen) hatte mir das übliche Kuvert auf den Kaffeehaustisch gelegt, ein Kuvert, dessen Inhalt – das wurde mir Sekunden später klar – kaum dürftiger hätte sein können. Name der Zielperson: Puppi von Haindlfing. Besondere Kennzeichen: weiße Locken. Kein Foto, keine Alters-, Berufs- oder Größenangabe. Puppi von Haindlfing. Weiße Locken. Punkt.

»Bist du jetzt vollkommen deppert geworden?«, fragte ich Mittler.

Statt einer Antwort zog er einen weiteren Briefumschlag aus seiner Tasche, diesmal zum Bersten gefüllt mit Papier – violettem Papier, wohlgemerkt: Es waren gezählte zwanzigtausend Euro, die in dem Umschlag steckten.

»Und die andere Hälfte?«, fragte ich mit leicht belegter Stimme, während ich die Scheine in meinem Jackett verstaute. Eine dreiste Frage, zugegeben: Angesichts der Summe rechnete ich nicht wirklich mit einer anderen Hälfte, obwohl die Praktik der Ratenzahlung in meinem Metier durchaus üblich ist: die Hälfte der Gage im Voraus, die andere dann nach erledigtem Auftrag.

»Nach erledigtem Auftrag, wie immer«, gab Mittler zurück. »Der Kunde ist sogar bereit, die zweite Rate zu verdoppeln, wenn du gute Arbeit leistest.«

»Was soll das heißen: gute Arbeit? Ich werde es machen wie immer: rasch und schmerzlos, ohne Schnörkel.«

Mittler sah mir lange in die Augen. »Eben nicht«, meinte er dann. »Der Kunde wünscht in diesem Fall etwas Besonderes. Eine Art Inszenierung. Er will einen hässlichen Tod.«

»Einen … hässlichen Tod?«

»Exakt mit diesen Worten, ja. Die … Patientin soll kein schönes Bild abgeben, wenn man sie findet.«

»Eifersucht«, konstatierte ich prompt.

Mittler bedachte mich mit einem rügenden Blick. »Es ist nicht an uns, Vermutungen anzustellen.«

»Und noch dazu eine ›von‹«, fuhr ich unbeirrt fort. »Da hat sich die Frau Baronesse wohl vom Schlossgärtner umpflügen lassen.«

»Schluss jetzt!«, zischte Mittler. Er nestelte ein weißes Röhrchen aus der Tasche, schüttelte eine Tablette heraus und schob sie in den Mund. Gastritis, unsere Berufskrankheit.

»Hast du irgendeinen Tipp für mich?«, fragte ich, um ihn auf andere Gedanken zu bringen. »Eine Adresse zum Beispiel, an der ich die Dame finden kann?«

Er seufzte. »Au.«

»Wie bitte?«

»Au«, wiederholte er leise.

»Hör mal, deine Jammerei bringt mich nicht weiter.«

»Au, verdammt! Au!«, brüllte Mittler, um sich gleich darauf erschrocken umzusehen und mit mühsam unterdrücktem Zorn hinzuzufügen: »Au, das ist die Adresse, verstehst du? Entenbachstraße in Au. Da findest du einen Frisiersalon, den unsere ... Patientin jeden Mittwochnachmittag besucht. Sie ist nur eine Stunde dort, von drei bis vier. In dieser Zeit musst du dich um sie kümmern.«

»Warum nicht bei ihr daheim?«

»Weil der Kunde keine Schweinerei will.«

»Wusste ich's doch. Ihr Ehemann.«

»Was du weißt oder ahnst oder glaubst, ist mir herzlich egal.«

»Geschenkt. Und wo ist dieses Au?«

»Im Westen.« Mittler räusperte sich. »Also westlich von Wien.«

»Na wunderbar, so werd ich's finden. Wo genau?«

Mittler murmelte etwas Unverständliches.

»Was hast du gesagt?«

»Ich habe dich gefragt, ob du den Auftrag annimmst.«

»Sicher«, meinte ich, »natürlich.«

»Also abgemacht?«

»Ich geb's dir schriftlich, wenn du drauf bestehst! Warum auch nicht?«

»Weil«, gluckste Mittler hämisch grinsend, »weil dieses Au in München liegt.« Mit diesen Worten schob er mir seine Magentabletten über den Tisch.

Ich parkte einige Blocks von der Entenbachstraße entfernt im Schatten eines gigantischen Kirschbaums, der selbstgefällig seine Blütenpracht zum Himmel reckte. Sicher, es war Frühling. Trotzdem hatte ich den Eindruck, dass sich selbst die Münchner Bäume eitler gaben als an irgendeinem anderen Ort der Welt, ja, dass sie förmlich Pfauenräder schlugen.

Trotz des noch recht jungen Jahres schlug mir sommerliche Hitze ins Gesicht, als ich die Wagentür öffnete. Kurzerhand verstaute ich die Pistole und das Schnappmesser in meiner Hosentasche, zog das Jackett aus und hängte es über den Beifahrersitz. Vierzehn Uhr vierzig. Ich schlenderte gemächlich meinem Einsatzort entgegen.

Das Schild war bereits aus der Ferne zu sehen: »Coiffeur Fifi« stand in goldenen Lettern über dem verspiegelten Glasportal. Ich muss gestehen, beim Anblick dieser Schrift ging mir zunächst nur eine Überlegung durch den Sinn, nämlich dass dieser Name – Fifi – vermutlich auf der zweiten Silbe zu betonen war. Französisches Raffinement, vom bayerischen Haarkunstgewerbe zur höchsten Vollendung getrieben. Den Ursprung und Hintersinn, das tiefere Wesen dieses Fifi, hinterfragte ich nicht.

Die bittere Erkenntnis ließ sogar noch auf sich

warten, als ich – fünf Minuten vor drei – eine Frau die Straße entlangkommen sah. Den üppigen Wanst in ein rosafarbenes Trachtenkleid gezwängt, so keuchte sie an mir vorbei und auf das Portal des Friseurs zu. Neben ihren aufgeschwemmten Beinen aber stelzte eine Kreatur, deren Abnormität mir fast die Tränen in die Augen trieb – nicht so sehr Tränen der Rührung als vielmehr solche der Heiterkeit. Die Kreatur trug ebenfalls ein rosa Dirndlkleid, aus dem an beiden Enden flauschig weiße Wülste quollen. Auch an ihren nackten Fesseln klebten diese schneeballartigen Geschwüre, und ein letztes weißes Wölkchen wippte eine Handbreit hinterher: Es saß an der Spitze des knochigen Schwanzes, der das Bild der erbärmlichen Deformation, dieses exzentrischen Fehltritts der Natur komplettierte.

Eine aufgeplatzte Weißwurst auf vier Beinen, das war mein erster Gedanke. Dann aber kam jählings die Erkenntnis.

Ehe nämlich die zwei Trachtenwesen den Friseursalon betraten, beugte sich die dicke Frau zu dem Geschöpf hinunter, um ihm jenen Wattebausch zu tätscheln, der wohl den Kopf darstellen sollte: »Oiso, jetz gemma Haar schneid'n, gell, Puppi?«

Puppi von Haindlfing. Weiße Locken. Meine Zielperson war eine Münchner Pudeldame.

Sie können sich nicht vorstellen, wie bestürzt ich war. Zum einen fühlte ich mich unsagbar gedemütigt: ein Spezialist mit makelloser Laufbahn, ein Mann, der sich im Schweiße seines Angesichts den Ruf geschaffen hat, der Zuverlässigste und Unerbittlichste in seiner Branche zu sein. Ein Meister in der Kunst der spurlosen Entledigung. So einen Mann nach München zu entsenden, um dort einen Pudel auszulöschen, ist eine grobe Missachtung nicht nur des Mannes, sondern des ganzen Gewerbes. Dazu kam noch der spezielle Wunsch des Kunden, der Wunsch nach einem hässlichen Tod. Die Patientin soll kein schönes Bild abgeben, wenn man sie findet … Wie um alles in der Welt, so dachte ich, kann eine Missgestalt wie dieser Hund im Tod noch hässlicher werden? Muss die Vernichtung des Hässlichen nicht zwangsläufig Schönheit hervorbringen? Und wenn schon nicht Schönheit, so doch eine gewisse morphologische Katharsis? Mit einem Mal erschien mir mein Auftrag unlösbar. Andererseits befand sich schon ein Packen Geld in meiner Jacke, und ein weiterer, doppelt so dicker wartete darauf, in meine Obhut genommen zu werden.

Was also tun? Dieweil ich unentschlossen vor mich hin sinnierte, trat die feiste Trachtenfrau aus dem Portal – diesmal ohne Begleitung. Sie wandte sich kurz der verspiegelten Scheibe zu, kontrollierte den Sitz ihres breiten, mit zartrosa Perlen besetzten Kropfbands und entfernte sich dann Richtung Osten.

Fünfzehn Uhr dreißig. Ich hatte mich entschieden, für das Geld und gegen meinen Stolz. Wenn ich mir dabei redliche Motive zuschrieb (etwa, dass ich diese Welt in eine lebenswertere verwandeln würde, indem ich sie von diesem Lindwurm befreite), so war dies eine reine Schutzbehauptung. Mein Körper wusste es besser: Mit einem flauen Gefühl in der Magengegend, wie ich es seit meinen ersten beruflichen Einsätzen nicht mehr gehabt hatte, zog ich die Tür des Salons auf. Heller Glöckchenklang ertönte.

»Griasgott! Konn i Eana helfa?« Ein wohlbeleibter und intensiv duftender Herr im Seidenanzug eilte auf mich zu. Seine mächtige, glänzende Dauerwelle wippte im Rhythmus seiner Schritte.

»Ich bin ... Ich komme, um ...«, begann ich zögernd.

»Jamei, Sie ham ja gar koa Hundal ned dabei!« Er suchte mit den Blicken irritiert den Boden ab.

»Nein, ich ... möchte nur jemanden abholen.«

»A geh! Wen denn nachad?«

»Puppi«, murmelte ich. »Puppi von Haindlfing.«

»Des Frailein Puppi? Zwengs wos kommt da ned ihr Frauerl, d' Frau Heringer?«

»Weil … Also ein Notfall. Die Frau Heringer hat sich gerade den Knöchel gebrochen. Und da hat sie mich gebeten …«

»Ja sakra! De arme Frau, a soichas Gfrett! I schaug glei, ob s' schon fertig is, des Frailein Puppi.« Mit wehenden Schößen verschwand er hinter einem dicken roten Vorhang.

Ich sah mich um. An den Samttapeten des Warteraums hing eine Unzahl prunkvoll gerahmter Fotografien, die allesamt Hunde zeigten. Große und kleine, dicke und dünne, schwarze, braune, weiße, gescheckte, gestromte Hunde. Hunde von vorne, Hunde von hinten, Hunde im Profil. Es waren Porträts und Ganzkörperaufnahmen, je nach dem Fellwuchs, je nach Gewichtung der Hundefrisuren.

Die Dauerwelle lugte durch den Vorhang und nickte mir zu. »Des Frailein Puppi is no beim Föhna. S' werd aba nimma lang braucha.«

»Tut mir leid«, gab ich zurück. »Ich kann nicht mehr warten. Bringen Sie mir jetzt den Hund, Monsieur … Monsieur Fifi. Sofort.«

»Aba …« Er starrte mich an wie ein Konditor, dem seine eigene Torte ins Gesicht geworfen wird.

»Aba …« Ein weiterer waidwunder Blick. »I hol s' glei 'naus«, sagte er dann resignierend.

Keine zwei Minuten später übergab er mir die Leine – jene Leine, an deren Ende die feuchten, noch dampfenden Wollknödel Puppi von Haindlfings hingen, nach wie vor, oder besser: schon wieder in ihr rosa Dirndlkleid gezwängt.

»Gehst fei' mit dem Herrn da mit, mei Zamperl, gell?«, raunte er Puppi ins Ohr. Er würdigte mich keines Blickes mehr, als ich mit seiner – meiner – Patientin das Geschäft verließ.

Ich hätte es gleich erledigen sollen. Mit dem Messer am besten. Ein sauberer Schnitt durch die Gurgel des Zeugen zunächst: unbezahlt zwar, aber doch ein notwendiger Kollateralschaden. Dann die Terminierung jener kynologischen Verirrung namens Puppi: Da gerade ihre lebenswichtigen Organe dicht bewachsen, also praktisch unzugänglich waren, wäre ein kräftiger Schlag auf den Schädel vonnöten gewesen, ehe ich sie fachgerecht gehäutet und ausgeweidet hätte. Ein hässlicher Tod: Das Fell als Fußabtreter vor die Tür, die Gedärme wie Faschingsgirlanden zwischen all den pompösen, mit betenden Putten besetzten Kerzenleuchtern drapiert, die den Warteraum schmückten. Ich hätte es gleich erledigen sollen. Dass ich es nicht tat, war ein folgenschwerer Fehler, der wohl nur der schwülstigen, barocken Atmosphäre des Friseursalons geschuldet war, die mir den Kopf vernebelte. Eines Salons, der ja per se nichts anderes war als ein Abbild der gesamten Stadt – ein kleines München im Großen sozusagen.

Um zehn Minuten vor vier verfrachtete ich Puppi von Haindlfing auf den Rücksitz meines Wagens. Ich würde nun ein wenig durch die Gegend fahren und mir ein stilles Plätzchen suchen, an dem ich sie in aller Ruhe beseitigen konnte. Kaum aber hatte ich mich ans Steuer gesetzt, fiel mein Blick auf die Windschutzscheibe, die (ich rieb mir die Augen) frappant dem beschlagenen Milchglas einer Duschkabine ähnelte. Verfluchter Kirschbaum! Der Wagen war über und über mit Blüten und Baumharz bedeckt, die Fenster schlierig und verklebt: So konnte ich keinen Meter weit fahren.

Ich stieg also abermals aus und begann, die Scheibe zu putzen. In meinem Beruf führt man stets einen Vorrat an Feuchttüchern mit sich; man weiß nie, was es alles zu reinigen gilt. Während ich schrubbte und rubbelte, wallte das rosafarbene Trachtenweib, Puppis Frauchen Frau Heringer, auf der anderen Straßenseite vorbei.

Und Puppi schlug an.

Es war kein Bellen, wie man es von Hunden kennt, sondern eher ein gepresstes Jaulen, das unerträglich hoch und gellend aus dem Wagenschlag drang. Ich schloss rasch die Tür und putzte weiter, indem ich so tat, als würde ich die fragenden Blicke Frau Heringers nicht bemerken. Sie war stehen geblieben und sah mit gerunzelten Brauen zu mir herüber. Dann aber ging ein Ruck durch ihren schwabbeligen Leib: Sie setzte sich jetzt wieder in Bewegung, nahm zusehends Fahrt auf und steuerte, die Straße querend, auf mich zu.

Genug ist genug und zu viel ist zu viel. Selbst ein Profi kann manchmal die Nerven verlieren. Ich ließ das Feuchttuch fallen und sprang hastig ins Auto – in ein Auto, dessen Interieur ich nicht wiedererkannte …

Mein erster Eindruck war der eines japanischen Gartens: Fingerdick lagen die Kirschblüten über den Boden, die Sitze, die Armaturen verteilt. Auch die Luft war von ihrem Gestöber erfüllt: Sie rieselten auf mich herab, als wäre ich in ein munteres Schneetreiben geraten, in einen fröhlichen Frühlingsflockentanz.

Zwei Dinge machten mich allerdings stutzig. Erstens: Ich habe kein Cabrio. Zweitens: Die Blüten wiesen nicht das gleiche Rosa auf wie jene auf der Kühlerhaube. Nein, ihr Farbton spielte mehr ins Violette.

Puppi hatte zu jaulen aufgehört. Sie lag auf dem Rücksitz, auf meinem zerfetzten Jackett, und kaute versonnen an Mittlers Phiole, Mittlers Magentabletten herum. Der Umschlag mit den zwanzigtausend Euro interessierte sie nicht mehr: Die zwanzigtausend Euro waren im wahrsten Sinn des Wortes Schnee von gestern. Violetter Schnee.

Unwillkürlich griff ich nach dem Messer, doch im selben Moment wurde die Wagentür aufgerissen.

»Jo, Kreizdaife! So a Hodalump!«

Ehe ich wusste, wie mir geschah, hatte mich Frau Heringer am Hemdkragen gepackt und – unter Hervorbringung weitgehend unverständlicher Flüche – aus dem Auto gezerrt. Schon blieben die ersten Passanten stehen und scharten sich um meinen Wagen, und es dauerte nicht lange, da umringte mich eine undurchdringliche Phalanx aus Dirndln und Lederhosen.

»Entfürn hod a s' woin, der Saupreiß, der schiache! Entfürn! Mei Puppi! Der ausg'schamte Dreckhammel!«

»A geh!«, »Schau o!«, »Iss wahr?«, wurden Stimmen im Publikum laut.

»Wenn i's sog! Du, geh her da!« Frau Heringer bedeutete einem jungen Mann im Lodenjanker, meine grob auf den Rücken gebogenen Arme festzuhalten. Dann wuchtete sie ihr gewaltiges Hinterteil auf den Fahrersitz und wandte sich schnaufend nach hinten, um Puppi aus dem Fond zu heben.

Die Pudeldame hatte mittlerweile fertig gegessen. Nicht nur das Röhrchen, auch alle Tabletten waren in ihrem Magen verschwunden. Ein Jammer: Ich hätte im Augenblick selber gern eine gehabt.

»Puppi, mei Bopperl! Was hast denn?« Frau Heringer beugte sich über den zitternden Hund, dessen Schnauze ein klagendes Winseln entströmte. »Ja, Himmelvotta ... Had di der Hundsbua, der saggrische, aa no vagift!«

»Fotzts 'n ab!«, »Mischts 'n auf!«, »Machts 'n hi!«, kommentierte das Publikum. Und nur der junge Mann, der mich unerbittlich im Klammergriff hielt, fügte ein leises »Pfui Daife, des is fei' greisli ...« hinzu.

Ich dachte zunächst, dass er sich auf Puppi von Haindlfings Wuchs bezog, auf den regelrecht basiliskischen Anblick des Tiers. Bald aber wurde mir klar, dass sein Ausspruch nur dem galt, was Puppi jetzt tat: Mit einem heiseren Röcheln riss sie das Maul auf und spie einen glänzenden, fliederfarbenen Schwall auf das Straßenpflaster. Puppi würgte. Puppi rotzte. Puppi kotzte sich die Seele aus dem Leib: eine Seele aus Magentabletten und Fünfhundert-Euro-Noten.

Und das war mein Glück.

Hätte nämlich Puppi nicht gekotzt, sie wäre vermutlich verreckt. Und wäre sie verreckt, dann hätte der Mob mich gelyncht. Die Münchner hätten mich fachgerecht gehäutet und ausgeweidet, spätestens als sie das Klappmesser und die Pistole in meinem Hosensack fanden.

Dass sie es nicht taten, habe ich einerseits Puppis Genesung, andererseits ihrem Frauchen zu danken. Ja, es war ausgerechnet Frau Heringer, die dem versammelten Trachtengesindel entgegentrat.

»Sakra no amoi! Seids es alle bledg'suffa? Den Lauskerl, den miserablen, kann i no braucha!« Mit diesen Worten bahnte sie sich einen Weg durch die Menge und stieß mich die Straße hinab, nicht ohne mir vorher mit ihrem Kropfband die Hände gefesselt zu haben.

Mittlerweile haben selbst die Münchner Bäume ausgeblüht. Der Sommer ist vorbei, und auf der Wiesn sind schon längst die Zelte aufgebaut. Es ist Mittwoch, vierzehn Uhr. In einer halben Stunde werde ich mich auf den Weg machen, in die Au, um Puppi zu Coiffeur Fifi zu bringen. Ich beklage mich nicht. Die Verpflegung ist gut. Am Morgen, nach dem ersten Gassigehen, bekomme ich zum Frühstück ein kernweiches Ei serviert. Frau Heringer hat ein winziges Häubchen aus Blümchenbrokat darübergestülpt, um es warm zu halten. Und was ihren Mann, Herrn Heringer betrifft, der hat mir vor einigen Tagen sogar ein Geschenk gemacht: meine erste Lederhose, damit er sich nicht mit mir schämen muss, wenn ich ihn auf das Oktoberfest begleite. Einen Gamsbart, so wie er ihn ständig trägt, besitze ich aber noch nicht. Den müsse ich mir erst verdienen, hat Herr Heringer gesagt, um – wie immer – ein grimmiges »Mi leckst am Arsch, du hintafotziga Kerl, du hintafotziga!« hinzuzusetzen.

Er hat mir, wie mir scheint, noch immer nicht verziehen, dass ich so schmählich versagt habe. Aber den Auftrag hat er trotz allem storniert. Aus Angst vor seiner Frau wahrscheinlich, aber auch, weil er Gefallen an meinem Eigentum gefunden hat: Es ist ihm mittlerweile wichtiger, mit meinem Wagen auf die Jagd zu fahren, als einen würdigen, seinen Passionen entsprechenden Hund an seiner Seite zu wissen.

Denn das war ja auch sein Motiv für den Auftrag gewesen: den ungeliebten Pudel zu entsorgen, um sich an seiner statt einen zünftigen Dachshund beschaffen zu können. Puppi duldete nun einmal keine tierischen Mitbewohner. Und Frau Heringer duldete ihrerseits nicht, dass man Puppis sensibles Gemüt aus dem Gleichgewicht brachte. Herr Heringer hasste sie beide dafür. Er hasste sie so abgrundtief, dass er Mittler beauftragt hatte, sich der Sache anzunehmen. »I will fei' den bestn von deine Expertn«, hatte Heringer gesagt.

Den Besten hat er letztlich auch bekommen, denn es ist mir immerhin gelungen, ihn von seinem Hass zu heilen. Geblieben ist nichts als ein dumpfer, verhaltener Groll. »A rechta Boar hod an Dackl oda gar nix«, brummt Herr Heringer zuweilen vor sich hin, wenn Puppis weiße Puschel sein Gesichtsfeld kreuzen. Was ohnehin nur noch selten der Fall ist, seit ihre Betreuung zu meinen Verpflichtungen zählt.

Ich beklage mich nicht. Der Pudel ist alles, was mir noch geblieben ist – der Pudel und die Lederhose. Mein Geld, mein Messer und meine Pistole sind perdu, genauso wie Mittlers Magentabletten. Mein Autoschlüssel liegt sicher verwahrt in Herrn Heringers preziös verziertem Waffenschrank – als kleines Trostpflaster für die verlorene Anzahlung, wie ich vermute. Wenn Sie mich nun fragen, warum ich nicht einfach davonlaufe, sind Sie sicherlich zum ersten Mal in München. Nein, an eine Flucht zu Fuß ist nicht zu denken: In jedem Biergarten, vor jedem Trachtenladen – sprich: an jeder Straßenecke – lauern die Joppen- und Dirndlagenten, die Bierzipf- und Münzbroschenspitzel der Heringers, um mich zu stoppen. Diese Stadt hat ihre brokatenen Netze nach mir ausgeworfen, ihre Fußangeln, Schlingen und Fallstricke – selbst in der tiefsten und schwärzesten Nacht, wenn sie so tut, als schliefe sie ihren Bierrausch aus. Sie ist Angel- und Drehpunkt der Achse des Bösen, ein scheinbar gemütlicher, aber verschlagener Moloch, der seine Feinde nicht ausspeit, sondern gnadenlos assimiliert. Paranoia? Fortgeschrittener Verfolgungswahn? Ja kreizkruzifixnoamoi, so a Schmarrn! I buid ma doch nix ei', i bin ja ned damisch!

Nein, ich beklage mich nicht. Nur hin und wieder, wenn ich im eichengetäfelten Herrgottswinkel der Heringers sitze, erfasst mich so etwas wie Schwermut. Ich lehne mich an eines der opulent bestickten Zierkissen, betrachte den monströsen Kronleuchter aus Hirschgeweihen und trauere um eine bessere, schönere, lange vergangene Welt. Dann greife ich zu meinem schaumgekrönten Maßkrug, um die trüben Gedanken hinunterzuspülen.

Und siehe da: Nachdem der dritte Krug geleert ist, träume ich nur noch den glorreichen Tag herbei, an dem ich endlich meinen eigenen Gamsbart tragen darf.

Olga

Bomska, das war alles, was er sah. Dicke, mächtige Bomska. Sie schlackerten ihm um die Ohren, klatschten auf seine geröteten Backen. Durchpulst von einer letzten Woge Saft erhob sich sein schlaffgerittener Jockel und versank erneut in ihrer Muppe – ihrer dampfenden, duftenden Muppe –, dass es schmatzte wie Monsterquallen, die auf feuchten Schweinelebern reiten.

»Olga«, grunzte er. »Ach, Olga.«

»Fick mich«, erwiderte sie schnaufend. »Fick mich, fick mich, fick mich …«

Ist es möglich, einen Gegenstand zu lieben? Ihn mit all der Sehnsucht zu begehren, mit der man sich nach einem Wesen aus Fleisch und Blut verzehren kann?

Selbstverständlich ist es das. Man denke nur an Kindertage, an die Sehnsucht nach der neuen Spielzeugeisenbahn, dem neuen Fahrrad, an eine Sehnsucht, die sich bis tief in die Träume zog und einen früh am Morgen wieder aus den Federn trieb. Aber auch der Erwachsene liebt unbelebte Dinge, und es ist zumeist eine reinere, bedingungslosere Liebe als jene zu einem anderen Menschen. Dinge sind dankbar, verfügbar, berechenbar. Sie wehren sich nicht, laufen nicht fort, verlassen einen nicht. Dinge sind treu.

»Olga ...«
Sie schenkte ihm diesen verträumten, begierigen Blick, einen Blick, der ihn gleichzeitig schwächte und stärkte.
»Fick mich ...«
»Aber ich ...«
»Fick mich ...«
Schon lag sie unten und er über ihr, durch nichts getrennt als den luziden Film aus Schweiß und Speichel zwischen ihren Bäuchen.
»Fick mich ...«

Ja, Dinge sind dankbar, Dinge sind treu. Olga war zudem noch schön. Auf eine herbe Weise schön. Über den gewölbten Wangenknochen glänzten unergründlich schwarze Augen, deren dichte Brauen mit dem dunklen Flaum auf ihrer Oberlippe harmonierten. Ihr volles Haar fiel in Kaskaden über ihren Rücken, teilte sich über den üppigen Hüften – ein seidener Vorhang, der den Blick auf das Heiligste freigab, auf den dreifaltigen Born, der Kalles nicht enden wollende Labsal war: Olgas Zadnik, Olgas Muppe, Olgas Müff. Kurzum: die Bühne, die sein Jockel Tag für Tag bespielte.

Das geheime Idiom für Olgas quellende Organe hatten die beiden gemeinsam entwickelt, kaum dass sie einander begegnet waren; es bildete die Perle auf der Krone ihrer Wollust. Keine Sprache kannte Worte, die dem Zauber all jener samtigen Hügel und glitschigen Täler gerecht geworden wären, und so war Kalle auf neue verfallen. Er hatte die Begriffe vorgeschlagen, und Olga hatte ihn jedes Mal zustimmend angesehen. Am Ende hatte Kalle auch sich selbst ein neues Wort gewidmet: Jockel nannte er das Ding an sich, das Einzige, das einen eigenen Namen verdiente.

»Fick mich …«

»Ich kann nicht mehr, Olga …« Kalle fiel ächzend zurück in die Kissen. Um sich ihrem Blick zu entziehen, schloss er die Augen, doch waren es nun ihre Lippen, die die seinen fanden. Zungenspitzen tanzten miteinander.

»Fick mich …«

Er nahm sie von hinten, langsam und zärtlich. Ihr breiter, himmlisch weicher Zadnik schmiegte sich an seine Lenden.

»Fick mich …«

Olga hatte Kalle den Gegenwert eines neuen Mittelklassewagens gekostet – ein Vergleich, den er auch selbst mit stiller Freude anzustellen pflegte. Verkehr ist eben nicht gleich Verkehr, und angesichts von Klimakatastrophen, Staus und roten Ampeln ist das Bett der beste Ort, um die Stoßzeiten auch zu genießen. Einmal abgesehen von Fragen der Sicherheit – eine Sicherheit, die bei Olga in höchstem Maße gewährleistet war: Man konnte sich an ihr nur Leiden holen, die man ohnehin schon hatte.

Prosaisch gesehen bestanden die Puppen von Lifelike Lady aus nicht mehr als fünfzig Kilo Leichtmetall und Kautschuk; dazu kam ein wenig Edelstahl für die Gelenke, Glas für die Augen und die Elektronik für die – noch relativ unterentwickelte – Sprachfunktion. Prosaisch gesehen besteht nun aber auch der Mensch aus nichts als Sauerstoff, Kohlenstoff, Wasserstoff, Stickstoff und ein paar Mineralien: ein Klumpen Materie, dessen pathetischer Hochmut schlicht und einfach darauf gründet, dass er Steine werfen und Dosen öffnen kann.

Die Poesie entsteht im Herzen des Betrachters, und so hatte Olga in gewisser Weise mehr zu bieten als jede andere Frau. Mehr vor allem als jene Olga, der sie nachgebildet war, jene fast schon vergessene, unstete Olga, jene falsche Olga, deren Fotos Kalle vor gut einem Jahr an Lifelike Lady geschickt hatte, um sie unberührt und treu und neu erstehen zu lassen. Die echte Olga, die ihm erst Monate später aus ihrer gepolsterten Kiste entgegengelächelt hatte, war von der Seele der falschen gereinigt: ein unbeschriebenes Blatt, und doch die exakte Kopie jenes schmutzigen Weibsstücks, das ihn einst so schamlos verhöhnt und betrogen hatte. Vom halbmondförmigen Leberfleck auf ihrer linken Hüfte bis zur Pockennarbe auf der rechten Schulter, vom wallenden, glitzernden Muppenbusch bis zum dezenten Damenbärtchen glich Olga Olga wie ein Ei dem anderen – nur eben wie ein frisches einem faulen Ei.

»Fick mich ...«

Kalles Hand glitt sanft an ihrem Nacken hoch. Ein kurzer Druck am Hinterkopf, und Olgas Stimme versiegte.

»Fick ...«, sagte sie noch. Dann herrschte Schweigen.

Mit einem Mittelklassewagen hätte Kalle ohnehin nichts anfangen können, hier inmitten der Nordsee, auf einer Plattform, die nicht einmal neunzig mal neunzig Meter maß. Auf den ersten Blick mag es ironisch wirken, dass ein Mann, der den Treibstoff für die Mittelklassewagen dieser Welt zutage fördern soll, seine eigenen Wege zu Fuß absolviert. Tatsächlich stellte das aber nur ein weiteres Privileg in dem an Privilegien reichen Arbeitsalltag eines Bohrführers dar: Anreise, Kost und Logis waren frei, die Entlohnung enorm; dazu kam, dass auf zwei Wochen Arbeit vier Wochen Ferien folgten. (Auf diese Ferien hätte Kalle liebend gern verzichtet. Die Zahl seiner Ausreden, um sich vor dem Landurlaub zu drücken, war mittlerweile Legion, und sein sperriges Übergepäck, wenn er – von Zeit zu Zeit – doch in den Hubschrauber stieg, gab Anlass zu den wildesten Spekulationen. Gleichwohl ließen ihn seine Kollegen in Ruhe, was in diesem Fall nichts anderes bedeutete, als dass sie ihn mieden.) Neben all diesen Vergünstigungen, derer sich die Bohrspezialisten und Rohrverleger erfreuten, nahm sich eine Putzkolonne ihrer Kleidung und ihrer Kabinen an. (Auch der Putztrupp war Kalle ein Dorn im Aug: Die beiden servilen Chinesen, die während seiner Nachtschicht die Kajüte enterten, waren ihm mehr als suspekt; ihr devotes Gebaren schien nur der Beweis für ihre angeborene fernöstliche Verschlagenheit zu sein.)

Mit spitzen Fingern zog Kalle das zum Bersten gefüllte Reservoir aus Olgas Muppe und nahm es zur Reinigung mit in die Dusche. Anschließend spülte er Müff und Mund, die nicht entfernbar waren, mit der Klistierspritze aus. (So lebensecht die Schöpfungen von Lifelike Lady waren: Kochen, saugen und sich waschen konnten sie nun einmal nicht.) Er hievte Olga aus dem Bett und schnallte sie vorsichtig in ihrer Kiste fest. Ein letzter Kuss, ein letztes: »Wart auf mich, mein Schatz; in zwölf Stunden hast du mich wieder«, dann verschloss er die Kiste und wuchtete sie in den Spind. Es war hoch an der Zeit, seinen Dienst anzutreten.

Kalle hatte sein Gestänge fest im Griff. Meter um Meter drang er in die Tiefe, grub sich durch das enge Bohrloch in den Leib von Mutter Erde. Das mächtige Stahlrohr vibrierte, die Stoßdämpfer ächzten, die Pumpe drückte stampfend ihre Schmiere in den heißen Schacht.

    Kalle dachte an Olga. Dachte sieben Stunden lang an Olga. Und er hätte das noch bis zum Ende seiner Schicht getan, wenn nicht geschehen wäre, was geschah.

Ohne dass er es gleich registrierte, berührte sein Bohrkopf einen empfindlichen Punkt. Die Geräusche drangen ihm erst ins Bewusstsein, als am Schaltpult bereits alle Warnlämpchen blinkten: ein fernes Grollen, das den Kran, die Insel, ja das ganze Meer erbeben ließ, ein Stöhnen, das – so unterirdisch es auch war – in höchstem Maße überirdisch klang.

Im Gleißen der Scheinwerfer schoss eine Wasserfontäne hoch, um sich – gleich einer riesigen silbernen Blume – am Nachthimmel zu entfalten. Kurz hielten die Männer inne und starrten mit offenen Mäulern nach oben, aber gleich darauf verfielen sie in hektische Betriebsamkeit. Befehle wurden gebrüllt, Motoren gedrosselt, Ventile geschlossen. Jetzt, da das Ziel erreicht, die Schatzkammer angezapft war, galt es, die plötzlich entfesselten Kräfte in Bahnen zu lenken. Denn die Erde ist ein wildes Tier: Wenn es ihr kommt, dann kommt es ihr gewaltig.

Die Nachtschicht war beendet. Vorzeitig beendet. Der Bohrtrupp packte zusammen, um das Feld der Wissenschaft zu überlassen. An den Physikern und

Geologen lag es nun, Messungen anzustellen, Volumen und Struktur der Goldgrube zu schätzen, aus der sich – so hoffte man – bald schon Gallone um Gallone schwarzen Goldes in die Tanks ergießen würde.

Während die frohgemuten Kollegen sogleich in Richtung Kantine strebten, zog es Kalle unweigerlich zu seiner Kajüte hin. Kalle dachte an Olga. An ihre wallenden, wogenden Bomska, an ihren glucksenden Müff. Die kurz vor dem Blow-Out beendete Bohrung, dieser gleichsam planetare Interruptus, hatte seine Fantasie beflügelt, seine Lust aufs Äußerste befeuert. Er verfiel in Laufschritt, nestelte den Zimmerschlüssel aus dem Ölzeug, riss dann voller Ungeduld die Tür zu seiner Kabine, seiner persönlichen Bohrinsel auf.

Die säuerliche Schwade schlug ihm direkt ins Gesicht: ein Brodem aus Männerschweiß, Körpersekreten, ein Dunst wie im Dampfbad. Kalle wich zurück, riss Augen und Mund auf, schnappte nach Luft. Er rang um einen Schrei, einen Schrei, der tief in seiner Kehle steckte wie verkeilt, wie festgefressen.

In seiner Koje lag Olga, über ihr die zwei nackten Chinesen. Der eine hatte sein kleines, drahtiges Hinterteil zwischen Olgas Schenkeln geparkt, er pumpte mit verblüffend hochfrequenten Stößen sein Gemächt in ihre Muppe. Der andere kniete über Olgas Kopf, die Hände gegen die Wand gestützt, und delektierte sich – nicht minder hektisch zappelnd – an ihrem geöffneten Mund.

»Fick mich ...«, gurgelte Olga mit erstickter Stimme. »Fick mich ...«

Kalle senkte den Kopf und schloss lautlos die Tür. Dann trottete auch er in die Kantine.

Friedlich und schwarz lag die nächtliche See. Nur am östlichen Horizont ließ sich der erste, zaghafte Schimmer des nahenden Morgens erahnen. Von einer kühlen Brise umfächelt, standen in enger Umarmung zwei Schatten an der Brüstung des Oberdecks. Liebende, konnte man meinen.

»Du wirst dich niemals ändern«, sagte Kalle leise. »Niemals.« Er betrachtete gedankenvoll den flachen Gegenstand in seiner Hand. Ein Klick, das Messer schnappte auf. »Kannst du dich noch erinnern? An das letzte Mal? Zwei Jahre muss es her sein ...« Ein langer, fragender Blick in ihre Augen, dann schob Kalle ihr – wie nebenher – die Klinge in den Bauch. Mit sanftem Druck wand er sie höher, durch den weichen Kautschuk, bis zwischen Olgas vibrierende Bomska. »Es ist noch dasselbe Messer wie damals«, raunte er. Behutsam zog er Olga nun die Schneide aus dem Leib. Er klappte das Stilett zusammen, mit geübtem Griff, und steckte es in seinen Overall. »Nur dass du offenbar auch damals nichts gelernt hast. Es muss wohl … Ja, es steckt in deinem Hirn. Die Krankheit steckt in deinem Schädel – deinem wunderschönen Schädel …« Schon legte er die breite Hand auf Olgas Stirn und presste ihren Kopf nach hinten, knickte ihr mit einem groben, von einem hässlichen Knirschen begleiteten Ruck den Nacken ab. Er drückte und drehte, bis die Haut über ihren geborstenen Wirbeln zerriss.

Kalle weinte. Seine Tränen wollten nicht versiegen. Erst als die Strahlen der steigenden Sonne die Spitze des Bohrturms erreichten, nahm er sich ein Herz: Nachdem er Olgas Körper über die Brüstung gewuchtet hatte, schleuderte er ihren Schädel hinterher. Der Kopf stieg hoch, verharrte für Momente in der Luft – und fiel dem Ozean entgegen. Die schwarze Mähne flatterte im Wind.

»Ach, Olga …«

»Fick …«, gab Olga zurück, ehe sie in den Fluten verschwand.

Stefan Slupetzky

«Famos phantasievoll erzählt, liebevoll böse, ironisch.»
(Rheinischer Merkur)

Der Fall des Lemming
Roman. rororo 23553

Lemmings Himmelfahrt
Roman. rororo 23882

Das Schweigen des Lemming
Roman. rororo 24230

Lemmings Zorn
Roman. rororo 24889

Absurdes Glück
Bittersüße Geschichten.
rororo 25808

Alle Titel auch als E-Book

rororo 25808

Das für dieses Buch verwendete FSC®-zertifizierte Papier
Holmen Book Cream liefert Holmen, Schweden.